He visto con mis propios ojos cómo las personas experimentan libertad y un nuevo comienzo cuando reciben personalmente el amor y la bendición del Padre celestial en su vida. El escritor James Goll describe cómo entrar en esta realidad a medida que despliega una verdad que debemos aceptar para nuestro bienestar espiritual: tenemos un Padre celestial que quiere que le conozcamos íntimamente. Él nos llama a ir en pos de Él apasionadamente y a permitirle dirigirnos paso a paso hasta su presencia. *Búsqueda Apasionada* revela de una manera fresca que Dios Padre desea bendecir a sus hijos, y que nuestra mayor bendición del Padre es conocerle y ser conocidos por Él.

—*Michael W. Smith*
Cantante, compositor y escritor

Búsqueda Apasionada: Cómo llegar a conocer a Dios y su Palabra, de James Goll, es un libro increíblemente refrescante. Sea usted un nuevo creyente que lucha por aprender por dónde comenzar en su conocimiento de Dios y su Palabra, o un santo experimentado que ha leído la Biblia entera muchas veces, este libro le ofrece el regalo más hermoso: una introducción y reintroducción a su Primer Amor. El autor personifica el título del libro: *Búsqueda Apasionada*. Si hay una persona que haya conocido jamás que modele esta frase, ese es James Goll. James le hace superar las limitaciones que haya podido encontrar o los bloqueos en la Palabra y le invita a la tranquilidad y belleza de conocer a Dios mediante las Escrituras. Le invita a entrar en su vida personal y a cómo encontrar al Dios de las Escrituras. Al hacerlo, le da herramientas vitales para conocer a Dios y su Palabra. Este libro le llenará de esperanza y ánimo al acercarse a la simplicidad de conocer a Dios y conocerle a través de su Palabra, la Biblia.

—*Bill Johnson*
Bethel Church, Redding, California
Autor de *Cuando el cielo invade la tierra*

James Goll escribe acerca de cómo embarcarse en una aventura de por vida que empieza al establecer una conexión personal con el Padre celestial y progresa con un conocimiento cada vez más profundo de Él. Si alguna vez se ha preguntado si realmente es posible encontrar al Dios vivo, lea este libro. *Búsqueda Apasionada* le ayudará a caminar por un proceso de transformación personal a medida que experimenta el corazón de Dios, se acerca a Él y crece para ser un ejemplo vivo de su misma naturaleza y vida.

—*Mike Bickle*
Director de International House of Prayer de Kansas City

James Goll ha bendecido a la iglesia con una riqueza de revelación en los muchos libros que ha escrito. Ahora nos entrega su última obra maestra: *Búsqueda Apasionada: Cómo llegar a conocer a Dios y su Palabra.* Obtendrá una revelación más profunda de quién es Dios, como Padre, Hijo y Espíritu Santo, así como quién es usted en Él. Será bíblicamente afirmado y espiritualmente iluminado. Le recomiendo mucho este libro, el cual le encenderá para tener una santa y apasionada búsqueda de Jesús, ¡el que ama su alma!

—*Dr. Ché Ahn*
Apóstol de Harvest Apostolic Center, Pasadena, California
Pastor principal de HRock Church
Presidente de Harvest International Ministry
Rector internacional del Instituto de Liderazgo Wagner

Búsqueda Apasionada le hará enamorarse más profundamente de Dios. Para aquellos que han tenido poco interés en la fe, este libro les hará arder con una pasión entregada para Dios. Para aquellos que están buscando nuevas profundidades con Él, ¡sumérjase en este libro!

—*Cindy Jacobs*
Cofundadora de Generals International
Dallas, Texas

Si conoce a James Goll, o ha leído alguno de sus libros, sabrá esto acerca de él: es un hombre que persigue a Dios con todo lo que tiene…corazón, alma, mente y cuerpo. Su nuevo libro, *Búsqueda Apasionada*, ofrece agua viva de la Palabra para el alma sedienta en un viaje para conocer más a Dios. Está lleno de verdad tan sólida y fundamental acerca de quién es Dios, que no me cabe duda alguna de que se convertirá en un clásico. Si conoce a alguien nuevo en el reino, asegúrese de darle un ejemplar, pero antes de hacerlo, ¡léalo usted mismo y sea bendecido!

—*Jane Hansen Hoyt*
Presidenta/CEO
Aglow International

¿Está hambriento de conocer realmente a Dios? ¿Sabe muy dentro de su alma que Dios es un Padre escandalosamente amoroso que le ha perseguido, le persigue y le perseguirá apasionadamente? Cuando lea este animado libro, *Búsqueda Apasionada*, quizá cree en usted el deseo de anhelar a Dios como el ciervo busca por las aguas de los arroyos. Si quiere experimentar lo que es un "corazón ardiente", como les pasó a los dos discípulos en el camino de Emaús (véase Lucas 24:32), y no solo crecer en un conocimiento intelectual sobre otra "religión", permita que mi amigo James Goll encienda el fuego de la pasión dentro de usted para que llegue a conocer a su asombroso Dios creador.

—*Mickey Robinson*
Fundador de Prophetic Destiny International
Autor de *Falling into Heaven*

Hace años, cuando comencé a darme cuenta de que la iglesia estaba desprovista de la voz del profeta, invité a James Goll a Nashville. En ese entonces, estaba familiarizado con muchos de quienes tenían fuertes ministerios proféticos, pero la voz de James era una en la que confiaba. Aún confío en esa voz. James me ha hecho ser celoso de más de Jesús. Tengo el honor de ser considerado uno de sus padres espirituales, y puedo garantizarle que este libro, *Búsqueda Apasionada: Cómo llegar a conocer a Dios y su Palabra*, le desafiará a acercarse más a Dios y a su Palabra. Tome este libro y prepárese para que el Espíritu Santo prenda fuego a sus huesos.

—*Dr. Don Finto*
Fundador de The Caleb Company, Nashville, TN
Autor de *Your People Shall Be My People*

BÚSQUEDA

Apasionada

JAMES W. GOLL

ꟺ

WHITAKER
HOUSE

Traducción al español realizada por:
Belmonte Traductores
Manuel de Falla, 2
28300 Aranjuez
Madrid, ESPAÑA
www.belmontetraductores.com

BÚSQUEDA APASIONADA:
Cómo llegar a conocer a Dios y su Palabra

Publicado originalmente en inglés bajo el título: *Passionate Pursuit: Getting to Know God and His Word*

ISBN: 978-1-62911-304-3
eBook ISBN: 978-1-62911-305-0
Impreso en los Estados Unidos de América
© 2015 por James W. Goll

Whitaker House
1030 Hunt Valley Circle
New Kensington, PA 15068
www.whitakerhouse.com

Por favor, envíe sugerencias sobre este libro a: comentarios@whitakerhouse.com.

1 2 3 4 5 6 7 8 9 10 11 **UJ** 22 21 20 19 18 17 16 15

Índice

Reconocimientos y Dedicatoria

Soy deudor de varios líderes clave que han impactado mi vida durante los años. A menudo he mencionado la inmensurable huella de enseñanza que Derek Prince tuvo sobre mi vida a una temprana edad. Sus huellas están por todo mi ser. Más adelante en mi viaje, tuve el gozo y honor de trabajar con Mike Bickle, de la ahora famosa International House of Prayer, en Kansas City. Nunca conocí a nadie que, durante un prolongado periodo de tiempo, haya exhibido más pasión por Jesús que este hombre. Mike respira una apasionada búsqueda de Dios, su naturaleza y sus caminos.

Después, mi querida familia y yo nos mudamos a la maravillosa ciudad sureña llamada Nashville, Tennessee. Allí, la sombra de un verdadero padre en la fe tocó mi vida, no siendo otro que Don Finto. Papá Don es conocido por muchas cosas, pero todos estarán de acuerdo conmigo en que personifica un amor contagioso por Dios y su Palabra. Estos hombres y otros han modelado para mí el mensaje contenido en la lectura radical.

La gente a menudo me pregunta cómo hago lo que hago. Bueno, cuando uno está rodeado de un gran equipo, ¡eso ayuda mucho! Con esto en mente, me gustaría reconocer al fiel equipo de Encounters Network y nuestros intercesores de todo el mundo que oran por mí de manera continuada. Quiero dar muchas gracias también a mi ayudante editorial, Kathy Deering, en este y muchos otros proyectos. Ha sido un placer trabajar junto a Bob Whitaker Jr., Don Milam, y el maravilloso equipo de Whitaker House. Este es mi primer trabajo con esta casa editorial, pero no será el último.

Quiero ver verdaderos discípulos de Jesús levantarse por toda la tierra, cuya principal meta en la vida sea "¡adorar a Dios y disfrutar de Él eternamente!". Con un corazón de gratitud, he decidido dedicar este libro al que ama mi alma, mi mejor amigo y constante compañero: el glorioso Señor Jesucristo. A Él pertenecen el honor, la gloria y el dominio, ¡ahora y por siempre!

Con amor por Dios y sus asombrosos caminos,
James W. Goll

Prólogo

*B*úsqueda Apasionada: Cómo llegar a conocer a Dios y su Palabra ilumina una verdad esencial para nosotros como creyentes individuales y para el cuerpo de Cristo como unidad. Es un elemento del que he predicado durante muchos años: debemos enfatizar la Palabra y el Espíritu al profundizar en nuestra relación con Dios y extender nuestro papel como embajadores de Cristo en el mundo. La necesidad de este momento no es la una o la otra, Palabra o Espíritu, ¡sino ambas cosas!

Como escribe James Goll: "El Padre, Hijo y Espíritu Santo quieren que se familiarice íntimamente con la Palabra porque, al hacerlo, conocerá a Aquel que inspiró cada línea". También dice: "Si quiere conocer el corazón de Dios, entonces debe conocer su Palabra, donde se revelan su naturaleza y carácter".

Conocer a Dios personalmente es experimentar la realidad y el poder de nuestra fe. James Goll afirma que cuanto más aprendamos de Dios mediante su Palabra, mejor le entenderemos y le

conoceremos de una manera profunda. Y cuanto más le conozcamos, con más claridad reflejaremos su imagen, y mejor podremos cumplir lo que Él nos llama a hacer por su Espíritu, incluso
lo que inicialmente parece "imposible" para nuestra imaginación
humana.

Le animo a permitir que la profundidad de la Palabra y la comunión del Espíritu llenen su corazón y su mente mientras busca apasionadamente al Dios todopoderoso, Aquel que es nuestro
Creador, Redentor y Padre amoroso.

—*R. T. Kendall*
Autor de 60 libros
Anterior Ministro principal de Westminster Chapel, Londres

SECCIÓN UNO

Conocerle es amarle

Agustín describió la teología como el razonamiento o la discusión respecto a la Deidad. En esta primera sección de *Búsqueda Apasionada*, intento ir más allá de la conversación tradicional sobre la teología. Los capítulos 1–7 no tratan acerca del enfoque "racional" de Dios, su Hijo y el Espíritu Santo. Son un manifiesto de mis ideas acerca de Dios basadas en principios bíblicos y la experiencia personal. Por lo tanto, esta primera sección trata acerca de conocer a Dios personalmente.

En el capítulo 1 establezco el fundamento haciendo referencia a una cita de Blaise Pascal de su libro *Pensées*. Pascal dijo que cada persona tiene dentro de sí un "abismo infinito" (un concepto que algunos han descrito como un "vacío con la forma de Dios"), y que este abismo "solo puede llenarse por un objeto infinito e inmutable, es decir, solo por Dios mismo".[1]

---

1. Blaise Pascal, *Pascal's Pensées* (New York: E. P. Dutton & Co., Inc., 1958), Section VII, "Morality and Doctrine", 113, http://www.gutenberg.org/files/18269/18269-h/18269-h.htm.

Este vacío crea un hambre mayor dentro de nosotros hasta que llegamos al punto en que vemos a Dios como un Padre personal. En ese viaje de búsqueda apasionada, hacemos maravillosos descubrimientos que revelan los nombres y atributos maravillosos de nuestro Dios amoroso manifestados en el Padre, Hijo y Espíritu Santo: los Tres en Uno. Estos son los temas de los capítulos 2 y 3.

El capítulo 4 presenta una de las preguntas más famosas jamás planteadas. Como un psicólogo experto investigando la verdad, Jesús preguntó a sus discípulos: *"¿Quién decís que soy yo?"* (Véase, por ejemplo, Mateo 16:15). Su manera de responder a esta pregunta revelará la profundidad de su entendimiento de Dios revelado a través de su Hijo. Así, en los capítulos 4 y 5, le ofrezco la respuesta a esa pregunta según está revelada en el nacimiento, vida, sufrimiento, muerte, entierro y resurrección de Jesucristo el Mesías. El profeta Isaías escribió: *"En verdad, tú eres un Dios que te ocultas"* (Isaías 45:15). Jesús revela al Dios misterioso y pone un rostro a esa realidad encubierta. En Cristo, vemos a Dios en toda su belleza.

Después, en los capítulos 6 y 7, llegamos a lo que la teología llama "la tercera Persona de la Trinidad": la Persona del Espíritu Santo. Él es el "poder ejecutivo" entre bambalinas que ha llegado para ejecutar la voluntad de Dios mediante sus siervos capacitándolos para que lleven a cabo esa voluntad. Él es "el que está al lado", que hace que la gracia y la gloria de Dios sean una realidad en los asuntos de los hombres y las mujeres cuando Él conecta el cielo con la tierra.

1

Dios como nuestro Padre personal

El fin principal del hombre es glorificar a Dios,
y disfrutar de Él para siempre.
—Catecismo Menor de Westminster

Se ha dicho que el hombre fue creado con un vacío interior que solamente Dios puede llenar. Yo, primeramente, creo que esto es cierto. Cada persona está en una búsqueda constante de encontrar realización en esta vida, es decir, propósito y destino. Fuimos creados de ese modo. Usted y yo fuimos formados de esa manera.

¿Sabía que la profundidad de su hambre es la longitud de su distancia de Dios? De hecho, puede estar tan cerca de Dios como quiera. A fin de cuentas, Dios es un "jefe que da las mismas oportunidades a todos". Acérquese a Él, y Él se acercará a usted. (Véase Santiago 4:8). He dicho frases como esta a creyentes de todo el mundo. Provocan espiritualmente a la gente y les hacen desear más de Dios, haciéndoles buscarle más. Debemos buscar a Dios apasionadamente. ¿Verdad?

De hecho, cuando oí por primera vez estas declaraciones, me molestaban. Como partículas de arena en una ostra, estos principios inicialmente me irritaban porque sonaban a clichés. Parecían santurronas, pomposas, hiperespirituales, e inalcanzables. Pero, como han funcionado durante años en mi corazón y en mi ser interior, confío en que las partículas irritantes están siendo transformadas en una perla de gran valor.

Sigo pensando: *Bueno, ¡quiero estar cerca de Dios! ¡Quiero conocer su corazón!* Tuve que mirar más hondo, persistentemente…. Salí a dar muchos paseos. Tuve muchas conversaciones. Finalmente, decidí que era lo que más quería por encima de todo. Más que ser un gran líder de una nación, el mayor orador, un gran innovador o el evangelista más dotado, incluso más que ser un cantante de renombre o un misionero legendario (las cuales son cosas buenas todas ellas, dicho sea de paso); ¡quería *conocer a Dios*!

Desde entonces he estado en un viaje del que el mundo a menudo se mofa. Por gracia, tomé la decisión interna de seguir un camino menos transitado en nuestra acelerada sociedad: apartar tiempo para conocer a mi Creador más íntimamente, para poder disfrutar de Él para siempre. Eso se convirtió en la meta principal de mi vida.

¿Querrá unirse a mí en este tipo de búsqueda apasionada de Dios?

Llegar a conocer al Padre

"*Padre nuestro…*" (Mateo 6:9). Este simple par de palabras es una de las revelaciones más grandes y completas acerca de Dios.

Dios es un Padre, un Padre que quiere una familia. Anhela una familia. Jesús es su Hijo unigénito (véase, por ejemplo, Juan 1:14), pero no es su único hijo. Su Padre tiene muchos hijos, y Jesús tiene muchos hermanos y hermanas. El apóstol Pablo reconoció la naturaleza familiar de nuestra relación con Dios cuando escribió: "*Doblo mis rodillas ante el Padre de nuestro Señor Jesucristo, de quien recibe nombre toda familia en el cielo y en la tierra"* (Efesios 3:14–15). La gran familia celestial de Dios no incluye "nietos", por cierto, ya que nuestro Padre solo acepta hijos de primera generación. Él es nuestro Padre en dos sentidos: primero, porque nos creó; y segundo, porque hemos dicho sí a su invitación de renacer como hijos e hijas de su reino.

Dios es nuestro Padre porque nos creó y porque aceptamos su invitación a renacer como sus hijos e hijas.

A veces, inconscientemente limitamos la paternidad de Dios en nuestras vidas. Pensamos que Él es Dios Padre solo para ciertas personas especiales, así que no nos acercamos a Él de esa forma. Pero Él no es solo Padre de (por ejemplo) los primeros seres humanos que creó: Adán y Eva. Tampoco es solamente Padre de los hombres y las mujeres más santos que le hayan adorado a lo largo de los siglos. Él no es Padre únicamente de Isaías, Miqueas, Malaquías, Débora y Barac; de Rut y Noemí; de Ester, Esdras y Nehemías; de Daniel, Sadrac, Mesac y Abed-nego. Él no elevó a "estatus de hijo" solo a los doce discípulos de Jesús, junto a los amigos más íntimos de Jesús: María, Marta y Lázaro. Tras morir, Jesús no solo llamó al apóstol Pablo a la familia de su Padre. Él no da preferencia a los gigantes espirituales. No tiene usted que ser un John Wesley, o un George Müller, o un D. L. Moody, o un Billy Graham, o una Madre Teresa, o un Reinhard Bonnke para dirigirse a Él como Padre.

Para llamarle Padre, no tiene que ser un gigante espiritual en manera alguna.

La verdad es que cada uno de nosotros puede llamarle Padre, cada día de nuestra vida. Cualquiera que haya "nacido de nuevo", que haya recibido la obra completa del Hijo de Dios, Jesús, (su crucifixión, sepultura, resurrección de los muertos y ascensión) y que haya aceptado su invitación a seguirle, está incluido en su familia.

Somos hijos e hijas de Dios. Él es nuestro Padre. Qué maravillosamente simple, ¡y a la vez maravillosamente profundo!

La bendición del Padre

Ninguno de nosotros puede afirmar ser autosuficiente, así como nadie que sea padre terrenal puede afirmar ser un padre perfecto. Necesitamos a nuestro Padre celestial. Cada individuo que haya vivido jamás, ha sido creado a imagen de Dios (véase Génesis 1:26–27), pero a menos que caminemos con Él, nunca sabremos lo que eso significa.

Fuimos creados con la *necesidad* del Padre. Sin el amor del Padre y la bendición del Padre, nos hundimos. Podemos buscar amor y bendición en varios lugares, pero a menos que esos lugares nos apunten a Dios Padre, finalmente nos retendrán. Ningún consejero u otro experto puede tomar el lugar del Padre; ningún mentor o esposo o esposa, ni siquiera la figura de un gran padre, puede suplir nuestra verdadera necesidad de amor y bendición. Cada una de estas personas es tan humana como nosotros.

Sin embargo, Dios usa vasos humanos para representarle y señalar a Él. En el Antiguo Testamento, leemos acerca del poderoso efecto que podía tener la bendición de un patriarca. (Lea, por ejemplo, los capítulos 27 y 49 del libro de Génesis). Una vez dadas esas bendiciones, ya no se podían revocar, ni siquiera por el padre que las había conferido (e incluso aunque le hubieran engañado para dar la bendición al hijo equivocado, como ocurrió con Isaac y sus hijos gemelos, Esaú y Jacob).

Como nuestros modelos terrenales de paternidad son inadecuados, ¿cómo podemos esperar recibir la plenitud del amor de nuestro Padre celestial? Debemos aprender del hecho de que el amor de Dios, que nos ha buscado como individuos, *será* capaz de llegar a nuestro corazón, aunque sea a través de vasos imperfectos. A medida que buscamos el rostro de Dios, Él traerá personas a nuestras vidas que nos impartirán el amor de Dios. Eso incluye a los pioneros espirituales que nos han precedido, que nos han dejado escritos y "huellas" para seguir. A medida que honramos a estas "vasijas rotas", podemos beber profundamente de sus pozos del amor de Dios. Recibir el amor y la aceptación de Él restaura nuestro espíritu y alma dañados.

Destellos redentores

Un aspecto de la redención de Dios es que Él nos permite vislumbrar su sombra a través de otros miembros de su familia adoptada. A esto lo llamo "destellos redentores". En mi propia vida, he tenido que ver de esta forma. Mi propio padre tenía muchas limitaciones. A medida que yo crecía, tenía miedo de él la mayor parte del tiempo, y a la vez le honraba y me preocupaba mucho por él. Aun así, nunca pude llegar a llamarle "padre", porque realmente no podía conectar con él de esa manera. Éramos muy distintos el uno del otro, y sinceramente, él no daba la impresión de entenderme muy bien.

Sin embargo, hacia el final del viaje de mi padre en esta tierra, el Espíritu Santo me convenció, a través de una serie de sueños y visiones, de que tenía que regresar a casa para recibir "la bendición de mi padre". No estaba seguro, y debido a la historia disfuncional de nuestra familia, y su entonces situación diabética debilitadora, yo fui más que cauto. Sin embargo, Dios me convenció de mi necesidad, e incluso Él se aseguró de hacerlo posible.

Mi papá había recibido genuinamente la fe tarde en su vida, y finalmente incluso tuve el honor de dirigirle a su bautizo en agua. Sin embargo, como muchos otros creyentes, él aún tenía muchas heridas emocionales y algún bagaje extra. Pero entonces, ¡Dios! En el momento de debilidad de mi padre, Dios le dio un par de sueños sobrenaturales, y supo que tenía un hijo que podía interpretarlos, así que me pidió si podía hablar con él, a solas.

Así que tuvimos esa conversación. Hablamos de su infancia, cómo había crecido durante la Depresión siendo el mayor de siete hijos en una familia con un trasfondo alemán. Tuvo que trabajar extremadamente duro, e incluso le echaron de casa cuando tenía doce años y tuvo que criarse solo. Nunca conoció el amor de un padre. Podría contarle más, pero no creo que sea necesario. Estaba claro que nunca podría dar algo que él mismo no había recibido.

La conversación cambió, y comenzó con un: "Hijo...".

Yo tenía cuarenta y cuatro años en ese tiempo, y no podía recordar haberle oído llamarme "hijo" jamás. Algo como una corriente de amor sobrenatural comenzó a fluir de su corazón al mío y viceversa, quizá algo que había estado contenido durante años. Con una lágrima recorriendo su gran mejilla, dijo: "Hijo, nunca te entendí durante toda tu vida. ¿Cómo pudiste acercarte tanto a Dios?".

Después de recuperar mi compostura, le respondí: "Padre, hasta donde yo sé...". Y esa fue la primera vez en mi memoria que le había llamado, desde el fondo de mi corazón, "padre". Le conté cómo mi madre, su esposa, me había dedicado al servicio de Cristo antes incluso de ser concebido, un hecho que él conocía y que confirmó. La atmósfera estaba impregnada del amor y el consuelo de Dios. Nos tomamos de la mano. Él no oró en voz alta, pero sé que oró. Yo oré en voz alta, y lo bendije. Ese día, le llamé "padre", y él me llamó "hijo". No mucho después de eso, se graduó para ir al cielo. Y sí, tuve el honor de hablar en el funeral de mi *padre*.

Se libera una confirmación

Para cerrarlo perfectamente, tuve una maravillosa experiencia unos meses después mientras estaba ministrando en Atlanta, Georgia. Al cierre de mi sesión en "Gatekeepers of His Presence", vi una visión del rostro de mi padre en la que él estaba sano y con una salud robusta. Sus mejillas rosadas volvieron a su rostro, y sus ojos azules brillaban. Y oí estas palabras en mi corazón del Espíritu Santo: *Tengo una palabra que darte de tu padre.*

En ese momento, un hombre canadiense que también estaba ministrando me impuso manos y profetizó: "Ha habido personas en su vida que nunca le han entendido, pero Dios ha usado todo eso para crear un quebranto en usted para que la fragancia de Cristo sea liberada a través de su vida para recorrer toda la tierra".

Cuando retiró sus manos de mí y permanecí en una postura de adoración al Señor, vi el rostro de mi padre en una visión sonriéndome una segunda vez. Entonces oí estas palabras, que cambiaron mi vida para siempre: *Ahora te entiendo.* Sollocé por la bondad de Dios y la gracia sanadora de Jesucristo.

¿Ve usted cómo Dios usa vasos imperfectos para transmitirnos su amor? Los vasos imperfectos es lo único que Él tiene para usar, y su perfecto amor nos alcanza todas las veces.

Reciba el amor del Padre

Tiene que poner de su parte para recibir el amor del Padre. Busque a Dios. Sea apasionado en ello. Abra su corazón y acepte el regalo gratuito del amor del Padre mediante su Hijo Jesucristo. Puede recibir el amor de Dios de múltiples formas, como las siguientes:

+ una relación con la Palabra de Dios,

+ empaparse en la presencia del Espíritu Santo,

+ leer acerca de las lecciones de la historia de la iglesia y acerca de líderes que han conocido las profundidades del amor de Dios,

+ redentoramente obteniendo destellos de la sombra de Dios mediante los miembros de su familia terrenal,

◆ honrando la unción del Espíritu Santo en los veteranos de la fe.

¡Beba a fondo! Reciba la bendición y el amor de Dios. Cuando el profeta Elías fue llevado al cielo en un carro, su discípulo Eliseo vio el carro llevándole hacia arriba, y clamó: *"Padre mío, padre mío..."* (2 Reyes 2:12). Eliseo miró a su alrededor y encontró que el manto de la bendición profética de Elías se había quedado ahí para él, y lo tomó. (Véase 2 Reyes 2:9–14). Como resultado, pudo caminar el resto de su vida en una doble porción del poder del Espíritu Santo, con gran confianza. Quizá Eliseo vio una revelación de paternidad. Vio a Elías como su padre y mentor, pero después recibió una revelación mayor: vio al Padre de Elías: ¡Dios mismo!

Tiene que poner de su parte para recibir el amor del Padre.
Busque a Dios. Sea apasionado en ello.

No hay dos personas que tengan la misma experiencia del amor del Padre, porque cada hijo de Dios es único. En palabras que terminaron siendo el último versículo del Antiguo Testamento, el profeta Malaquías prometió un mover de Dios en los últimos tiempos en el que el Espíritu de Dios *"hará volver el corazón de los padres hacia los hijos, y el corazón de los hijos hacia los padres, no sea que venga yo y hiera la tierra con maldición"* (Malaquías 4:6). En nuestro peregrinaje para convertirnos en todo aquello que Dios nos ha llamado a ser, que cada uno de nosotros pueda experimentar la seguridad que se produce al conocerle como nuestro Padre personal. ¡Que cada uno pueda entrar en la bendición del Padre! Que cada uno crezca en su mayor anhelo por conocer el corazón de Dios y revelárselo a otros.

Por lo tanto, ¡sigamos ahora por nuestro viaje hacia el descubrimiento del corazón de Dios y su Palabra!

2

El despliegue de la revelación de Dios

El anhelo por conocer Lo que no se puede conocer, por
comprender lo Incomprensible, por tocar y probar lo
Inaccesible, surge de la imagen de Dios en la naturaleza
del hombre. Un abismo llama a otro abismo, y aunque
poluto y encerrado por el poderoso desastre al que los
teólogos llaman la Caída, el alma siente su origen y
anhela regresar a su Fuente.[2]
—A. W. Tozer

Me encanta aprender acerca del Padre. Me encanta revisar el
Abecedario acerca de Él. Me alegro por la forma en que Él
siempre revela más de sí mismo, continuamente desenvolviendo
regalos de revelación. El despliegue progresivo del descubrimiento
de Dios no debería asombrarme, pero lo hace. Sigue sorprendién-
dome, y eso me deleita. Cuanto más anhelo de Él, más me revela Él

---

2. A. W. Tozer, *The Knowledge of the Holy* (New York: HarperCollins Publishers,
1961), 9.

otro lado de su naturaleza. Lo mismo puede ser cierto para usted también.

Este Padre celestial es alguien a quien se puede encontrar. Quizá usted no pueda verle con sus ojos, pero puede encontrar su presencia. ¡Puede conocer su corazón!

Otra forma de decirlo es esta: Dios siempre está en tiempo presente. Él no es solo el Dios de la historia; Él es el Dios del "ahora". Él es el Yo Soy, como descubrió Moisés cuando tuvo un encuentro con Él:

> *Entonces dijo Moisés a Dios: He aquí, si voy a los hijos de Israel, y les digo: "El Dios de vuestros padres me ha enviado a vosotros," tal vez me digan: "¿Cuál es su nombre?", ¿qué les responderé? Y dijo Dios a Moisés: Yo Soy El Que Soy. Y añadió: Así dirás a los hijos de Israel: "Yo Soy me ha enviado a vosotros".* (Éxodo 3:13–14)

Dios dijo: "Yo Soy El Que Soy". No dijo: "Yo soy el Dios que 'era'", ni "Yo soy el Dios que 'será'". Una de las mayores revelaciones acerca de Él es que Él siempre *es*. Eso significa que Él está siempre disponible, y que siempre se le puede encontrar. Él siempre le oye. Siempre puede acudir a Él. Él no está lejos, ¡Él siempre está cerca!

Esta es una forma nueva de decir la última frase de los versículos de arriba: "Yo Soy ha enviado a Sí Mismo a ustedes", o "Yo Me envío a ustedes". Dios estaba enviando a Moisés a guiar a los hijos de Israel, pero también se estaba enviando a Él mismo. Moisés sería su embajador, o portavoz, y Dios tendría una relación viva y vibrante con él. Moisés modeló esta relación para Israel; y por consiguiente, la modeló para nosotros.

Este es el Dios que creó el universo, y a la vez Él es relacional. Él ya le conoce por dentro y por fuera, y quiere que usted le conozca. Él quiere que todos conozcamos su corazón.

Dios no está lejos, ¡Él siempre está cerca!

Un Dios de muchos nombres

Cuanto más conozco a Dios, más quiero conocer acerca de Él. Dios tiene muchos nombres además de Yo Soy. Cada nombre nos revela un aspecto diferente de su naturaleza, porque sus nombres nos ayudan a encontrar y percibir sus distintas características. Los nombres de abajo son solo algunos por los cuales se le conoce mejor. Incluso todos juntos, estos nombres nos dan meramente un destello de los atributos de Dios; componen solo una diminuta parte de quién es Dios en verdad.

Jehová Jiré (**El Señor proveerá**). Cuando Dios proveyó un carnero para el sacrificio de Abraham como sustituto de su hijo Isaac, se identificó a sí mismo como el Dios que provee. *"Y llamó Abraham aquel lugar con el nombre de El Señor Proveerá, como se dice hasta hoy: En el monte del Señor se proveerá"* (Génesis 22:14).

Jehová Nissi (**El Señor es mi estandarte**). Una y otra vez en la Biblia, Dios se reveló a sí mismo mediante circunstancias especiales. Después de que Josué prevaleció decisivamente contra los enemigos de Israel (los israelitas seguían ganando mientras Moisés tuviera sus brazos alzados), *"edificó Moisés un altar, y le puso por nombre El Señor es mi Estandarte"* (Éxodo 17:15). El Señor es nuestro campeón y defensor, que nos protege de todo el poder del maligno.

Jehová Shalom (**El Señor es paz**). Gedeón, que después se convirtió en un guerrero y juez en Israel, desfalleció cuando se dio cuenta de que el ángel del Señor le había visitado. Pero Dios le afirmó.

Al ver Gedeón que era el ángel del Señor, dijo: ¡Ay de mí, Señor Dios! Porque ahora he visto al ángel del Señor cara a cara. Y el Señor le dijo: La paz sea contigo, no temas; no morirás. Y Gedeón edificó allí un altar al Señor y lo llamó El Señor es Paz, el cual permanece en Ofra de los abiezeritas hasta hoy. (Jueces 6:22–24)

Jehová Tsidkenú (El Señor justicia nuestra). Dios no solo dice que Él mismo es justo, sino que también nos pone en el estatus correcto.

Y este es su nombre por el cual será llamado: "El Señor, justicia nuestra"....En aquellos días estará a salvo Judá, y Jerusalén morará segura, y este es el nombre con el cual será llamada: el Señor, justicia nuestra". (Jeremías 23:6; 33:16)

Jehová Rafá (El Señor nuestro Sanador). El pueblo de Israel, cansado y sediento, se desesperó cuando llegaron a algún lugar donde necesitaban mucho el agua en el desierto, solo para descubrir que era amarga y no potable. Entonces Moisés llevó a cabo un acto profético que presagiaba la forma en que la cruz de Jesús transforma nuestra amargura en dulzura, y declaró las palabras del Señor que hace milagros:

Si escuchas atentamente la voz del Señor tu Dios, y haces lo que es recto ante sus ojos, y escuchas sus mandamientos, y guardas todos sus estatutos, no te enviaré ninguna de las enfermedades que envié sobre los egipcios; porque yo, el Señor, soy tu sanador". (Éxodo 15:26)

Jehová Shammah (El Señor está presente). Estrictamente hablando, este es uno de los nuevos nombres para Jerusalén, y a la vez el término identifica la ciudad muy de cerca con la Persona del Príncipe de Paz, el Mesías. (Véase Isaías 9:6). Jerusalén está siendo personificada según las características del Señor Dios, que estará allí presente: *"Y el nombre de la ciudad desde ese día será: el Señor está allí"* (Ezequiel 48:35).

Jehová Rohi (El Señor es nuestro Pastor). Como se ha retratado tantas veces en ilustraciones pictóricas, sermones, poesías y letras de himnos, Dios es nuestro Pastor. En las palabras del conocido salmo: *"El Señor es mi pastor, nada me faltará"* (Salmos 23:1).

Santo de Israel. El siguiente versículo es solo uno de los muchos lugares en la Biblia donde se hace referencia a Dios como el Santo de Israel: *"Yo te daré gracias con el arpa, cantaré tu verdad, Dios mío; a ti cantaré alabanzas con la lira, oh Santo de Israel"* (Salmos 71:22).

El Juez. Nos guste o no, Dios *es* el Juez supremo, porque el Creador tiene toda autoridad sobre lo que ha creado, ya sea que aún viva en la tierra, o esté muerto y enterrado. *"El Juez de toda la tierra, ¿no hará justicia?* (Génesis 18:25).

Dios eterno. Este nombre puede parecer obvio, pero "eterno" describe uno de los atributos más importantes de Dios, y es que Él no tiene comienzo ni final, y Él no cambia. *"El eterno Dios es tu refugio, y debajo están los brazos eternos"* (Deuteronomio 33:27).

Todopoderoso. Usamos este nombre con más frecuencia que otros, refiriéndonos a Dios como "Todopoderoso", o a veces simplemente como "el Todopoderoso". *"Cuando Abram tenía noventa y nueve años, el Señor se le apareció, y le dijo: Yo soy el Dios Todopoderoso; anda delante de mí, y sé perfecto"* (Génesis 17:1).

Castillo. Dios es una torre fuerte para todos los que corren a Él. (Véase Proverbios 18:10). Él nos cobija y protege. David dijo:

El Señor es mi roca, mi baluarte y mi libertador; mi Dios, mi roca en quien me refugio; mi escudo y el cuerno de mi salvación, mi altura inexpugnable y mi refugio; salvador mío, tú me salvas de la violencia.   (2 Samuel 22:3)

El Señor. Los judíos han usado el equivalente hebreo de este nombre de Dios con temor y temblor, declinando incluso pronunciarlo en voz alta y, por lo tanto, escribiéndolo sin vocales como el tetragrámaton YHVH, el cual pronunciamos "Yahvé" o "Jehová". *"Y me aparecí a Abraham, a Isaac y a Jacob como Dios Todopoderoso, mas por mi nombre, Señor* [YHVH], *no me di a conocer a ellos"* (Éxodo 6:3).

Dios vivo. Para que no nos olvidemos de este aspecto de su naturaleza, Dios se revela como el Dios vivo, un feroz guerrero que reina de forma suprema sobre todo, vivo o muerto. *"En esto conoceréis que el Dios vivo está entre vosotros"* (Josué 3:10).

Señor de las huestes. ¿Qué son "huestes"? Son ejércitos o multitudes. Y ¿qué significa ser el "Señor de las huestes"? Significa que Dios es el Comandante en Jefe de todas las huestes del cielo: el ejército poderoso e invisible de seres celestiales. "[Ana, futura madre de Samuel el profeta] *hizo voto y dijo: Oh Señor de los ejércitos..."* (1 Samuel 1:11). En la *Nueva Versión Internacional*, "Señor de los ejércitos" se traduce como "Señor Todopoderoso".

Señor de Sabaot. Este nombre no está relacionado con la palabra *Sabat*, aunque el término nos parezca casi el mismo. Es otra manera de decir "Señor de los ejércitos", y se encuentra solamente en el Nuevo Testamento. Una ocasión está en Romanos 9:29, y la otra en el libro de Santiago: *"Mirad, el jornal de los obreros que han segado vuestros campos y que ha sido retenido por vosotros, clama contra vosotros; y el clamor de los segadores ha llegado a los oídos del Señor de los ejércitos"* (Santiago 5:4).

Señor de señores. Dios también es el Comandante en Jefe de todos los demás que ocupan posiciones de autoridad. *"Porque el Señor tu Dios es Dios de dioses y Señor de señores; él es el gran Dios, poderoso y terrible, que no actúa con parcialidad ni acepta sobornos"* (Deuteronomio 10:17, NVI).

Nuestra fortaleza. Inmediatamente después de que Dios demostrara su poder dividiendo el mar Rojo por la mitad para que el pueblo de Israel pudiera escapar de sus captores egipcios, Moisés dirigió al pueblo con un canto que comenzaba así:

Mi fortaleza y mi canción es el Señor, y ha sido para mí salvación; éste es mi Dios, y le glorificaré, el Dios de mi padre, y le ensalzaré. (Éxodo 15:2)

Altísimo. Dios es conocido como el Altísimo en toda la Biblia, en el Antiguo Testamento y en el Nuevo Testamento también. Este es un ejemplo:

Cuando el Altísimo dio a las naciones su herencia, cuando separó los hijos del hombre, fijó los límites de los pueblos según el número de los hijos de Israel. (Deuteronomio 32:8)

Padre de las luces. Santiago revela otro de los nombres de Dios, junto con el atributo de Dios que refleja el nombre: *"Toda buena dádiva y todo don perfecto viene de lo alto, desciende del Padre de las luces, con el cual no hay cambio ni sombra de variación"* (Santiago 1:17).

La mayor revelación de todas

No tendríamos la capacidad de adorar a este Dios que es Todopoderoso, Altísimo, Eterno, Señor de los ejércitos y mucho más si no fuera por los atributos reflejados en su mejor nombre de todos: *Padre*. Este Dios abre su corazón del todo y dice: "¡Hijos!". Así, este Dios que intimida es también accesible. Su Hijo Jesús lo dijo: *"Todas las cosas me han sido entregadas por mi Padre; y nadie conoce al Hijo, sino el Padre, ni nadie conoce al Padre, sino el Hijo, y **aquel a quien el Hijo se lo quiera revelar**"* (Mateo 11:27).

El mensajero de Jesús, Pablo, escribió a la iglesia en Corinto: *"Gracia y paz a vosotros de parte de Dios nuestro Padre y del Señor Jesucristo"* (2 Corintios 1:2). Él no dijo: "Gracia y paz a vosotros de parte del Todopoderoso" o *"...de parte de Dios nuestro libertador"*, o *"...de parte del Dios Altísimo"*, sino que dijo *"...de parte de Dios nuestro Padre"*. De nuevo, Pablo vertió un poco más de luz sobre la idea cuando escribió una carta a la iglesia en Éfeso, diciendo: *"Por esta causa, pues, doblo mis rodillas ante el Padre de nuestro Señor Jesucristo, de quien recibe nombre toda familia en el cielo y en la tierra..."* (Efesios 3:14–15).

Como dije al comienzo de este capítulo, Dios quiere una familia. Quiere desesperadamente hijos e hijas con los que relacionarse. Desea la comunión. Durante los siglos, ha dejado plenamente claro que Él es ante todo y principalmente *nuestro Padre*. ¿Quién no querría conocer a un Dios así?

No tendríamos la capacidad de adorar al Dios Todopoderoso si no fuera por su paternidad.

A Dios se le llama "Padre" en toda la Biblia

Tanto en el Antiguo Testamento (el "antiguo pacto") como en el Nuevo Testamento (el "nuevo pacto"), usted puede encontrar fácilmente referencias a Dios como Padre. Lo siguiente es una "muestra de Dios Padre".

Del Antiguo Testamento

Si lee Génesis y el resto del Pentateuco (los cinco primeros libros de la Biblia, también conocidos como los cinco libros de Moisés), descubrirá que la mayoría de las referencias al "padre" tienen que ver con padres terrenales. Sin embargo, en el quinto libro encontrará estas líneas: *"¿Así pagáis al Señor, oh pueblo insensato e ignorante? ¿No es Él tu padre que te compró? Él te hizo y te estableció"* (Deuteronomio 32:6).

Si continúa leyendo el Antiguo Testamento y llega al libro de los Salmos, comenzará a ver unas cuantas indicaciones más de que Dios es nuestro Padre. Estos son dos ejemplos:

> *Padre de los huérfanos y defensor de las viudas es Dios en su morada santa. Dios da un hogar a los desamparados….*
>
> (Salmos 68:5–6, NVI)

> *Como un padre se compadece de sus hijos, así se compadece el SEÑOR de los que le temen.*
>
> (Salmos 103:13)

En estos salmos, Dios se está revelando no solo como un Padre sino también como un Padre *compasivo*. Un padre compasivo es accesible; Dios Padre invita a sus hijos a acercarse a Él.

Al avanzar, llegará al libro del profeta Isaías. Aunque por lo general pensamos que el siguiente versículo es una profecía mesiánica, descriptiva de Jesús, mire las palabras exactas que incluye (**"Padre** eterno"):

> *Porque un niño nos ha nacido, un hijo nos ha sido dado, y la soberanía reposará sobre sus hombros; y se llamará su nombre Admirable Consejero, Dios Poderoso, Padre Eterno, Príncipe de Paz.*
>
> (Isaías 9:6)

Y el profeta nos dice que, igual que un alfarero moldea el barro como él quiere, así también el Padre nos forma; somos obras de sus manos:

> *Mas ahora, oh SEÑOR, tú eres nuestro Padre, nosotros el barro, y tú nuestro alfarero; obra de tus manos somos todos nosotros.*
>
> (Isaías 64:8)

Hacia el final del Antiguo Testamento encontramos estas líneas en el libro de Malaquías: "*¿No tenemos todos un mismo padre? ¿No nos ha creado un mismo Dios?*" (Malaquías 2:10).

Del Nuevo Testamento

Como sería de esperar, debido a la revelación de Dios a través de Jesús, encontramos una abundancia de versículos mucho mayor de Dios como Padre cuando abrimos el Nuevo Testamento. Jesús, el Hijo de Dios, enviado por el Padre para habitar en forma humana en medio de la nación de Israel, reveló a Dios como Padre a lo largo de su ministerio. Sabemos que incluso antes de comenzar a enseñar a su grupo de discípulos, Él mencionó a Dios como Padre al menos una vez, cuando solo tenía doce años y se había quedado atrás en Jerusalén en la Pascua sin decírselo a sus padres.

Al no encontrarlo, volvieron [los padres de Jesús] a Jerusalén en busca de él. Al cabo de tres días lo encontraron en el templo, sentado entre los maestros, escuchándolos y haciéndoles preguntas. Todos los que le oían se asombraban de su inteligencia y de sus respuestas. Cuando lo vieron sus padres, se quedaron admirados. —Hijo, ¿por qué te has portado así con nosotros? —le dijo su madre—. ¡Mira que tu padre y yo te hemos estado buscando angustiados! —¿Por qué me buscaban? ¿No sabían que tengo que estar en la casa de mi Padre? Pero ellos no entendieron lo que les decía. (Lucas 2:45–50, NVI)

El Nuevo Testamento se centra en la revelación del Hijo; y donde hay un Hijo, ¡debe de haber un Padre! En su enseñanza y predicación, Jesús citó ejemplos y contó historias sobre padres e hijos para subrayar lo que estaba diciendo. Comparó a Dios Padre con los padres terrenales, en términos de su deseo de bendecir a sus hijos: "*Pues si vosotros, siendo malos, sabéis dar buenas dádivas a vuestros hijos, ¿cuánto más vuestro Padre que está en los cielos dará cosas buenas a los que le piden?*" (Mateo 7:11).

Jesús advirtió acerca de dar demasiado honor a un líder terrenal, comparado con el honor que se debe dar al Padre de todos: *"Y no llamen 'padre' a nadie en la tierra, porque ustedes tienen un solo Padre, y él está en el cielo"* (Mateo 23:9, NVI).

Más memorablemente, cuando los discípulos le pidieron a Jesús que les enseñase a orar, Él comenzó explicándoles cómo dirigirse a Dios. No comenzó diciendo "Oh Buda…" u "Oh gran Creador y Arquitecto del universo…", sino que dijo *"Padre nuestro que estás en los cielos…"* (Lucas 11:2, RVR-1960).

¿Por qué quiere Él que comencemos así? Porque tenemos una relación con Dios. Usted y yo, y cualquiera que esté en Cristo y que ore a Dios, es hijo del Padre. Incluso podría decir que el Padre nos está invitando a acercarnos y sentarnos en su regazo y hablar con Él.

Tenemos que recordar de dónde vino Jesús. Juan lo dijo muy bien: *"Y aquel Verbo fue hecho carne, y habitó entre nosotros (y vimos su gloria, gloria como del unigénito del Padre), lleno de gracia y de verdad"* (Juan 1:14, RVR-1960). Jesús vino de algún lugar (cielo). Y vino de Alguien (el Padre). Él representa la mejor expresión del corazón del Padre. Del corazón de amor, de cuidado, de descanso y de seguridad del Padre procedió el Hijo, que es la misma esencia del corazón del Padre. Para que no olvidemos el hecho de que Dios y el Padre son uno, Pablo repitió el concepto "un Dios y Padre" de varias formas, como en los siguientes pasajes:

> *Porque aunque haya algunos llamados dioses, ya sea en el cielo o en la tierra, como por cierto hay muchos dioses y muchos señores, sin embargo, para nosotros hay un solo Dios, el Padre….* (1 Corintios 8:5–6)

> *…un solo Dios y Padre de todos, que está sobre todos, por todos y en todos.* (Efesios 4:6)

...y toda lengua confiese que Jesucristo es Señor, para gloria de Dios Padre.   (Filipenses 2:11)

De una frase fascinante del libro de Hebreos, aprendemos que Dios es el "Padre de espíritus": *"Además, tuvimos padres terrenales para disciplinarnos, y los respetábamos, ¿con cuánta más razón no estaremos sujetos al Padre de nuestros espíritus, y viviremos?"* (Hebreos 12:9). Los humanos somos seres espirituales que nunca morirán, y sabemos que cada hijo o hija humano tiene un espíritu. Y Dios cuida de cada uno de nuestros espíritus personalmente, como un padre humano amoroso cuida personalmente y disciplina a sus hijos.

El apóstol Pedro escribió acerca de cómo deberíamos comportarnos como hijos bajo la supervisión de nuestro Padre celestial:

Y si invocáis como Padre a aquel que imparcialmente juzga según la obra de cada uno, conducíos en temor durante el tiempo de vuestra peregrinación.   (1 Pedro 1:17)

Juan habló más acerca de nuestro papel, explicando que debemos ministrar a nuestro Padre con nuestra adoración y conducta reverente: "[Jesús] *y nos hizo reyes y sacerdotes para Dios, su Padre; a él sea gloria e imperio por los siglos de los siglos"* (Apocalipsis 1:6, RVR-1960).

De nuevo, esto es tan solo una breve muestra de los muchos pasajes de la Escritura que hacen referencia a Dios como Padre. En efecto, yo "fui saltando" intencionadamente por los libros del Antiguo y Nuevo Testamento, escogiendo versículos para representar varias partes de la Biblia. El cristianismo es diferente a otras formas de religión, y una razón importante es que adoramos y servimos a Dios a quien podemos dirigimos como "Padre".

Sí, Dios es el Capitán de los Ejércitos del Cielo, y mucho más, pero Él es también nuestro "Papá", y quiere que vivamos con Él para siempre.

El propósito de Jesús al venir a la tierra

Solo tendríamos una idea muy vaga de Dios como nuestro Padre si Él no hubiera enviado a su Hijo Jesús para hacer obvio ese hecho. Es más, el único propósito de que Jesús viniera a la tierra fue dar a conocer la paternidad de Dios y revelarse a sí mismo como el camino a Dios Padre. Eso es exactamente lo que les dijo a sus discípulos.

> —Yo soy el camino, la verdad y la vida —le contestó Jesús—. Nadie llega al Padre sino por mí. Si ustedes realmente me conocieran, conocerían también a mi Padre. Y ya desde este momento lo conocen y lo han visto. —Señor —dijo Felipe—, muéstranos al Padre y con eso nos basta. —¡Pero, Felipe! ¿Tanto tiempo llevo ya entre ustedes, y todavía no me conoces? El que me ha visto a mí, ha visto al Padre. ¿Cómo puedes decirme: "Muéstranos al Padre"?   (Juan 14:6–9, NVI)

Jesús es la representación exacta del Padre. (Véase Hebreos 1:3). Todo aquel que quiera conocer al Padre puede hacerlo buscándole apasionadamente a través de una relación con su Hijo, porque el Hijo es como su Padre. Aunque Jesús es como Dios (y *es* Dios), considera que el Padre es más importante que Él. Dijo a sus discípulos: "*Si me amarais, os habríais regocijado, porque he dicho que voy al Padre; porque el Padre mayor es que yo*" (Juan 14:28, RVR-1960).

El propósito de Jesús al venir a la tierra fue dar a conocer la paternidad de Dios y revelarse a sí mismo como el camino al Padre.

Jesús vino para prepararnos un lugar en la casa del Padre. Así como vino del seno del Padre (véase Juan 1:18), así regresó al Padre (véase Juan 20:17), y ahora nos invita a ir con Él a morar juntos con el Padre. ¿Cuál es este lugar que Jesús nos prepara? Es el mismo lugar al que Él regresó, un lugar justo en medio del corazón del Padre. El corazón de Dios es nuestro destino. Sí, eso es lo que dijo Jesús:

> *En la casa de mi Padre hay muchas moradas; si no fuera así, os lo hubiera dicho; porque voy a preparar un lugar para vosotros. Y si me voy y preparo un lugar para vosotros, vendré otra vez y os tomaré conmigo; para que donde yo estoy, allí estéis también vosotros.* (Juan 14:2–3)

Jesús vino de un lugar de gloria, y regresó a ese ámbito celestial. Él quiere desesperadamente llevarnos allí con Él. Tiene un deseo muy profundo de llevarnos a Él, tan profundo que estuvo dispuesto a sufrir y morir por nosotros. Mire la profundidad de la relación, la pasión y el anhelo, reflejados en las palabras de Jesús a su Padre acerca de nosotros:

> *Yo te glorifiqué en la tierra, habiendo terminado la obra que me diste que hiciera. Y ahora, glorifícame tú, Padre, junto a ti, con la gloria que tenía contigo antes que el mundo existiera. He manifestado tu nombre a los hombres que del mundo me diste; eran tuyos y me los diste, y han guardado tu palabra…. Padre, quiero que los que me has dado, estén también conmigo donde yo estoy, para que vean mi gloria, la gloria que me has dado; porque me has amado desde antes de la fundación del mundo. Oh Padre justo, aunque el mundo no te ha conocido, yo te he conocido, y éstos han conocido que tú me enviaste. Yo les he dado a conocer tu nombre, y lo daré a conocer, para que el amor con que me amaste esté en ellos y yo en ellos.* (Juan 17: 4–6, 24–26)

Sin lugar a duda, Jesús vino para que pudiéramos probar el amor del Padre, tanto aquí en la tierra como para siempre en su glorioso cielo. Ese amor se vuelve "tridimensional" para nosotros cuando leemos acerca de él en los escritos de Juan. Ningún otro escritor en los sesenta y seis libros de la Biblia nos habló más acerca del amor del Padre que Juan. Además de su evangelio, escribió tres cartas (1, 2 y 3 Juan) y el libro de Apocalipsis.

Solía preguntarme cómo pudo Juan ser tan explícito acerca de lo que dijo Jesús respecto a Dios Padre, y entonces recordé que Juan fue el discípulo que recostó su cabeza en el pecho de Jesús en la última cena. Como Jesús es la representación exacta de su Padre, eso significa que Juan oyó el ritmo de las pulsaciones del corazón de Dios. ¡Oyó el latido del Padre! ¡Cómo anhelo eso! Y Juan nos transmitió a nosotros lo que él "escuchó", usando el simple lenguaje que un padre usaría con sus hijos.

Amados, amémonos unos a otros, porque el amor es de Dios, y todo el que ama es nacido de Dios y conoce a Dios. El que no ama no conoce a Dios, porque Dios es amor. En esto se manifestó el amor de Dios en nosotros: en que Dios ha enviado a su Hijo unigénito al mundo para que vivamos por medio de El. En esto consiste el amor: no en que nosotros hayamos amado a Dios, sino en que El nos amó a nosotros y envió a su Hijo como propiciación por nuestros pecados. Amados, si Dios así nos amó, también nosotros debemos amarnos unos a otros. A Dios nadie le ha visto jamás. Si nos amamos unos a otros, Dios permanece en nosotros y su amor se perfecciona en nosotros. En esto sabemos que permanecemos en El y El en nosotros: en que nos ha dado de su Espíritu. Y nosotros hemos visto y damos testimonio de que el Padre envió al Hijo para ser el Salvador del mundo. (1 Juan 4:7–14)

El propósito del Espíritu Santo al venir a nosotros

Revelar al Hijo y al Padre

El siguiente mensaje es tan cierto hoy como lo era hace dos mil cien años, y el Espíritu Santo da testimonio a nuestro corazón de que es cierto hoy y cada día. Según Jesús, la razón por la que envió al Espíritu a morar en nuestro corazón es esta:

> *Pero cuando venga el Espíritu de la verdad, él los guiará a toda la verdad, porque no hablará por su propia cuenta sino que dirá sólo lo que oiga y les anunciará las cosas por venir. Él me glorificará porque tomará de lo mío y se lo dará a conocer a ustedes. Todo cuanto tiene el Padre es mío. Por eso les dije que el Espíritu tomará de lo mío y se lo dará a conocer a ustedes.*
>
> (Juan 16:13–15, NVI)

El propósito del Espíritu Santo al venir a los seguidores de Jesús es revelar al Hijo y al Padre a todos aquellos que han inclinado su cabeza en una dirección distinta a la del mundo, para tener oídos que oyen. (Véase, por ejemplo, Mateo 11:7–15). El Espíritu no habla de sí mismo; Él señala a Otro. Jesús también señala a Otro. ¡Todo señala a la revelación de Dios como nuestro Padre!

El espíritu de adopción

De hecho, una de las mayores razones por las que Dios Padre nos envió su Espíritu, a través de Jesús, fue la de terminar el proceso de adopción para sus hijos e hijas recién adoptados. Por eso el Espíritu Santo es conocido como el espíritu de adopción.

> *Porque todos los que son guiados por el Espíritu de Dios, los tales son hijos de Dios. Pues no habéis recibido un espíritu de esclavitud para volver otra vez al temor, sino que habéis recibido un espíritu de adopción como hijos, por el cual clamamos: ¡Abba, Padre! El Espíritu mismo da testimonio a nuestro espíritu de que somos hijos de Dios, y si hijos, también herederos; herederos de Dios y coherederos con Cristo….*
>
> (Romanos 8:14–17)

El término "Abba" es como la palabra *Papi*, una palabra más íntima y familiar que *Padre*. Los que son guiados por el Espíritu, los que le siguen, son los que pueden ser llamados *"hijos de Dios"*. Papi responde las preguntas del hijo, y protege y guía. Tras la adopción, un hijo o hija de Dios madura para seguir la guía del Espíritu Santo. La maduración es siempre un proceso. No ocurre toda de una vez en el momento en que la persona nace de nuevo. Pero la semilla indestructible ha sido plantada.

Un hijo o hija de Dios madura siguiendo la guía del Espíritu Santo.

A medida que seguimos al Espíritu de Dios, aprendemos a reconocer la necesidad que tenemos de nuestro Padre. Mediante el Espíritu de adopción, esta conciencia se forma dentro de nosotros hasta que clamamos a Él. Nuestros clamores demuestran nuestra convicción, y nuestra convicción ha sido precedida de una revelación formada por el Espíritu mismo en cuanto a la profundidad de nuestra necesidad, así como el suministro más que suficiente que viene del corazón del Padre. "¡Abba! ¡Papi! ¡Padre!", clamamos, cuando el Espíritu Santo da testimonio a nuestro espíritu humano de que verdaderamente somos hijos de Dios.

El asombroso amor de Dios

¡Fíjense qué gran amor nos ha dado el Padre, que se nos llame hijos de Dios! ¡Y lo somos! El mundo no nos conoce, precisamente porque no lo conoció a él....En esto conocemos lo que es el amor: en que Jesucristo entregó su vida por nosotros. Así también nosotros debemos entregar la vida por nuestros hermanos. (1 Juan 3:1, 16, NVI)

El amor del Padre nos ha sido manifestado mediante su Hijo Jesús y su Espíritu Santo. Este amor es asombroso porque no tiene límites, y se nos otorga libremente a nosotros, sus hijos no merecedores. Una vez que Él nos ha adoptado, nada puede separarnos de su amor, porque es muy fuerte.

> *Entonces, ¿qué diremos a esto? Si Dios está por nosotros, ¿quién estará contra nosotros? El que no eximió ni a su propio Hijo, sino que lo entregó por todos nosotros, ¿cómo no nos concederá también con Él todas las cosas?...Porque estoy convencido de que ni la muerte, ni la vida, ni ángeles, ni principados, ni lo presente, ni lo por venir, ni los poderes, ni lo alto, ni lo profundo, ni ninguna otra cosa creada nos podrá separar del amor de Dios que es en Cristo Jesús Señor nuestro.*
> (Romanos 8:31–32, 38–39)

Dios nos invita a un triángulo santo de amor, tal y como Jesús oró: "Oh, Padre, concédeles el tipo de amor que yo tengo contigo y tú conmigo". (Véase Juan 17:26). El Padre, el Hijo y el Espíritu son uno; y el Espíritu, el agua y la sangre dan testimonio concordando sobre este hecho: *"Porque tres son los que dan testimonio en el cielo: el Padre, el Verbo y el Espíritu Santo; y estos tres son uno. Y tres son los que dan testimonio en la tierra: el Espíritu, el agua y la sangre; y estos tres concuerdan"* (1 Juan 5:7–8, RVR-1960).

La frase *"el Espíritu, el agua y la sangre"* tiene muchos niveles de significado, incluyendo el lavado o las propiedades de limpieza de la Palabra y de la sangre de Jesucristo, quien se llama a sí mismo agua viva. (Véase, por ejemplo, la historia del encuentro de Jesús con la mujer samaritana en el pozo en Juan 4:7–38). El Padre, el Hijo y el Espíritu son el amor personificado. Esta es la Deidad.

3

Los maravillosos atributos de Dios

...Sabiduría...Infinitud...Soberanía...Santidad...
Omnisciencia...Fidelidad...Amor...Omnipotencia...
Autoexistencia...Autosuficiencia...Justicia...
Inmutabilidad...Misericordia...Bondad...
Omnipresencia...Inmensidad...Gracia...Perfección...[3]

"Más, Dios!" ha sido el clamor profundo de la iglesia, ola tras ola, mover tras mover. Aunque, a veces, no estoy muy seguro de que estemos siempre preparados para recibir la respuesta a esta oración. Obviamente, nuestra capacidad humana está limitada cuando intentamos (débilmente) describir las características divinas de Dios, y cuando consideramos recibir más de su presencia. Cuando me detengo lo suficiente como para meditar en sus tantos atributos maravillosos, es algo que supera mi mente, de nuevo. Así, en vez de gritar a lo loco: "¡Más, Dios!", a veces tan solo susurro calladamente, "Dios es más".

Dios es más que lo que cualquier teólogo o erudito podría entender en toda una vida, y Él es más de lo que podría cantar y

---

3. Atributos de Dios listados por A. W. Tozer en las páginas del índice de su libros *The Knowledge of the Holy* y *The Attributes of God*, volúmenes 1 y 2.

gritar incluso el adorador más apasionado. Cuando vuelvo a hacer otro intento por describir sus características, termino diciendo con el salmista: *"Tal conocimiento es demasiado maravilloso para mí; es muy elevado, no lo puedo alcanzar"* (Salmos 139:6).

Nuestras limitaciones humanas contribuyen a nuestras ideas erróneas acerca de Dios. Por ejemplo, como nuestra energía es tan limitada, puede que inconscientemente supongamos que su energía también debe de serlo. Pero no lo es. Él es el *"Dios eterno"* (Isaías 40:28). El Señor del universo no se cansa. Descansó el séptimo día de la creación, pero no porque estuviera agotado. (Véase Génesis 2:2–3). No, cuando Dios desata su poder, no se queda falto de suministros.

Este es un hecho que debería ser suficiente para hacer pensar otra vez a los "cesacionistas". ¿Ha cesado la capacidad de Dios para hacer milagros? ¿Era Él más poderoso hace dos mil años que hoy día? ¿Ha cambiado de idea en cuanto a cómo quiere demostrar su poder? Lo dudo. (De hecho, desde mi marco de referencia, el concepto teológico que el cesacionismo tiene del hombre finalmente va a cesar, pero el poder de Dios nunca cesará).

Dios es maravilloso. Él es el único a quien se puede aplicar verdaderamente la palabra. Minimizamos el término *maravilloso* cuando decimos que hoy tenemos un "clima maravilloso", "una pizza maravillosa" o incluso "una adoración maravillosa". Solo Dios es verdaderamente maravilloso.

> *¿Quién, Señor, se te compara entre los dioses? ¿Quién se te compara en grandeza y santidad? Tú, hacedor de maravillas, nos impresionas con tus portentos.*   (Éxodo 15:11, nvi)

La creación señala al Creador

Nuestro Dios maravilloso es quien creó el mundo, junto con todo lo que hay en él y sobre él, incluyéndonos usted y yo. Por eso

Pablo escribió a los cristianos en Roma para asegurarse de que entendieran que incluso los no creyentes deberían poder ver la obra de Dios y reconocer su grandeza:

Porque la ira de Dios se revela desde el cielo contra toda impiedad e injusticia de los hombres, que con injusticia restringen la verdad; porque lo que se conoce acerca de Dios es evidente dentro de ellos, pues Dios se lo hizo evidente. Porque desde la creación del mundo, sus atributos invisibles, su eterno poder y divinidad, se han visto con toda claridad, siendo entendidos por medio de lo creado, de manera que no tienen excusa.

(Romanos 1:18–20)

¿Existe Dios? Nadie debería hacerse esta pregunta durante mucho tiempo si mira a su alrededor y observa el mundo creado. Tanto la realidad de la existencia de Dios como la plenitud de su creatividad y soberanía deberían ser cosas obvias para todos los seres humanos, aparte de cualquier revelación directa de Dios a través de su Palabra hablada o escrita. La creación misma señala a un Creador divino.

La Biblia dice que las personas que niegan la existencia de Dios deberían ser considerados como, entienda esto, "necios": *"El necio ha dicho en su corazón: No hay Dios. Se han corrompido, han cometido hechos abominables; no hay quien haga el bien"* (Salmos 14:1). Cuando decimos frases como "Dios no se ha quedado sin un testigo", no estamos hablando necesariamente de testigos humanos sino de la creación misma. Por ejemplo, Pablo y Bernabé dijeron: *"Si bien no se dejó a sí mismo sin testimonio, haciendo bien, dándonos lluvias del cielo y tiempos fructíferos, llenando de sustento y de alegría nuestros corazones"* (Hechos 14:17, RVR-1960).

La creación señala a su Autor, el Dios todopoderoso, y este hecho honestamente no se puede ignorar o negar. Los montes y los valles, los ríos y océanos, la profusión de la vida vegetal y animal, los seres humanos en toda su "salvaje y loca" variedad: todo el mundo creado demuestra que un Dios sobrenatural está detrás de todo. Nada se creó por sí solo.

Génesis 1:1 dice: *"En el principio creó Dios los cielos y la tierra"*. En el principio, antes de que hubiera nada aquí o allá, Dios existía. Él existía antes de cualquier cosa. Nadie lo creó a Él. Él siempre ha existido. (Véase, por ejemplo, Colosenses 1:17). La preexistencia de Dios lo sitúa en una posición de absoluta supremacía: *"Yo soy el Alfa y la Omega—dice el Señor Dios—el que es y que era y que ha de venir, el Todopoderoso"* (Apocalipsis 1:8). Todo lo que existe es una realidad porque Dios lo creó. El salmista lo resumió de esta forma:

> *Antes que los montes fueran engendrados, y nacieran la tierra*
> *y el mundo, desde la eternidad y hasta la eternidad, tú eres*
> *Dios.* (Salmos 90:2)

Hay muchos seres creados en el universo, y todos llevan la huella de su Amo. Pero hay solo un Dios Creador. Así, las palabras que le describen como supremo son las que únicamente son aplicables a Él. Dios es todopoderoso (omnipotente); Él está presente en todo lugar a la vez (omnipresente); Él lo sabe todo (omnisciente), ¡Él es maravilloso!

La preexistencia de Dios le sitúa en una posición de
absoluta supremacía.

Los muchos y diversos atributos de Dios

Como los seres humanos fueron creados a imagen de Dios, debiéramos ser capaces de comprender algunos de los atributos y cualidades de Dios simplemente extrapolando lo que sabemos de nosotros mismos. Primero, Dios creó a las personas para que fueran seres espirituales, como Él mismo. También nos dio a todos un libre albedrío y una mente capaz de razonar. Nos dio emociones y la capacidad de expresarlas. Simplemente porque tenemos estos atributos, podemos suponer que Dios también tiene estas características, en perfección. Dios es Espíritu. Dios tiene libre albedrío. Dios es racional. Dios tiene emociones.

Sin embargo, Él está muy por encima de nosotros, inalcanzable en poder y conocimiento. Nadie más, ni siquiera los arcángeles, tan siquiera se aproximan. (Satanás, también llamado diablo, que es un ángel caído, *no* es todopoderoso y omnisciente, aunque la gente a menudo parece que piensa que sí lo es).

La omnipotencia de Dios

La omnipotencia es uno de los atributos exclusivos de Dios. Él no la comparte con nadie. Sus hechos y acciones solo los puede llevar a cabo un ser omnipotente.

> *¿A qué, pues, me haréis semejante o me compararéis? dice el Santo. Levantad en alto vuestros ojos, y mirad quién creó estas cosas; él saca y cuenta su ejército; a todas llama por sus nombres; ninguna faltará; tal es la grandeza de su fuerza, y el poder de su dominio.* (Isaías 40:25–26, RVR-1960)

Como Dios es omnipotente, le llamamos "Todopoderoso". No hay absolutamente nada que esté fuera de su capacidad. "*¡Ah, Señor Dios! He aquí, tú hiciste los cielos y la tierra con tu gran poder y con tu brazo extendido; nada es imposible para ti*" (Jeremías 32:17). Cuando Dios desata su poder de una forma obvia, por ejemplo abriendo el mar Rojo, no tiene después menos poder que el que tenía antes de realizar esa acción. Su batería no ha disminuido lo más mínimo. Él es todopoderoso todo el tiempo y en todo lugar.

Él no tiene que demostrar nada. Ser todopoderoso no le tienta a hacer algo que contradiga su naturaleza. Por lo tanto, el Dios todopoderoso *no* usa su poder para hacer ciertas cosas. Por ejemplo, no miente. (Véase, por ejemplo, Tito 1:2; 2 Timoteo 2:13). Él no puede pecar, y no ignorará el pecado. (Véase, por ejemplo, 1 Juan 3:9). Su poder opera dentro de los confines de su justicia y amor. Sus poderosas acciones no están gobernadas por su poder; su poder está gobernado por su naturaleza divina.

Los maestros de la Biblia (y nosotros los predicadores) hablamos mucho del poder de Dios. Creo que deberíamos hablar más del Dios de poder. Hace que la ecuación se entienda mejor.

La omnipresencia de Dios

Dios es omnipresente, lo que significa que está presente en todo lugar al mismo tiempo. Esto no significa que Dios y el mundo creado sean uno y lo mismo; esta creencia se denomina *panteísmo*. En cambio, Dios está separado de su creación y es distinto a ella. Sin embargo, Él está dinámicamente presente en cualquier lugar de su creación, o lo que es lo mismo, en todo lugar del universo. Mediante el profeta Jeremías, dijo esto:

> *"¿Soy acaso Dios sólo de cerca? ¿No soy Dios también de lejos?—afirma el* Señor—. *¿Podrá el hombre hallar un escondite donde yo no pueda encontrarlo?—afirma el* Señor—. *¿Acaso no soy yo el que llena los cielos y la tierra?—afirma el* Señor—.* (Jeremías 23:23–24, nvi)

Nos resulta fácil creer que la presencia de Dios llena el cielo, porque a fin de cuentas es su "dirección". El cielo es donde Él vive. Pero ¿cómo puede *"llenar"* la tierra, con todo su desorden y muerte? Algunas personas creen que Dios es demasiado santo para permanecer junto al pecado. Después, otros creen que se mantiene distante de nosotros si no le invitamos a acercarse, o que siempre se le podrá encontrar mejor en ciertos lugares especiales. Hay un elemento de verdad en estos conceptos; pero si lee la Biblia, que se escribió mucho después de la caída de la humanidad, encontrará mucha evidencia de que Él nunca dejó de llenar toda la tierra inundada de pecado, ya sea que el hombre clamara a Él o no.

Dios no perdió su escritura de propiedad del planeta Tierra debido a la caída. Muchas personas creen que el mundo le pertenece al diablo, pero la idea no es correcta. Por ahora, puede que el sistema del mundo esté bajo el gobierno del maligno, pero el cosmos (la tierra y hasta más) nunca dejó de pertenecer a Dios. El viejo himno lo dice muy bien: "¡Este es el mundo de mi Padre!".[4]

Ni tan siquiera Satanás, ese poderoso arcángel caído, es omnipresente. Ningún ángel (bueno o malo), y sin duda ningún ser humano, puede estar presente en todo lugar al mismo tiempo. El atributo de omnipresencia es totalmente exclusivo de Dios. Nada escapa del control de Dios, ni siquiera el ave más pequeña (véase, por ejemplo, Lucas 12:6), porque Él está en todo lugar: debajo y encima, dentro y fuera, detrás y delante, al lado y entre medias, cerca y lejos, alrededor y a lo largo....

Como destacó David en el Salmo 139, no importa dónde pudiera ir, la presencia del Espíritu de Dios estará ahí:

¿Adónde me iré de tu Espíritu, o adónde huiré de tu presencia? Si subo a los cielos, he aquí, allí estás tú; si en el Seol preparo mi lecho, allí estás tú. Si tomo las alas del alba, y si habito en lo más remoto del mar, aun allí me guiará tu mano, y me asirá tu diestra. Si digo: Ciertamente las tinieblas me envolverán, y la luz en torno mío será noche; ni aun las tinieblas son oscuras para ti, y la noche brilla como el día. Las tinieblas y la luz son iguales para ti.   (Salmos 139:7–12)

Cuando el hijo y sucesor de David, Salomón, dedicó el templo como la casa del Señor, proclamó que la presencia de Dios no se podía limitar a un edificio: *"Pero, ¿morará verdaderamente Dios con los hombres en la tierra? He aquí, los cielos y los cielos de los*

---

4. Maltbie D. Babcock, "This Is My Father's World", 1901.

cielos no te pueden contener, cuánto menos esta casa que yo he edifica-
do" (2 Crónicas 6:18). Dios es *Jehová Shammah,* "el Señor está presente"; Él está siempre presente en todo lugar y en todo momento.

Ninguna buena obra pasa inadvertida para Dios, y ningún
pecado se queda sin ser observado por Aquel que está presente
en todo lugar. Actuando como niños, algunas personas parecen
creer que si cierran los ojos de su corazón, pueden esconderse de
Él, porque si ellos no pueden verle, Él tampoco puede verles a ellos.
(Véase, por ejemplo, el Salmo 94:7–9). Pero, por supuesto, Él puede ver a través de los intentos de ellos de ocultarse; y en este juego
del escondite, Él les busca y encuentra cada vez. Además, Él les
ama. Nadie puede esconderse de la presencia de Dios. Él no puede
dejar de estar presente y disponible en todo lugar, desde la cima
montañosa cubierta de nieve más alta a las profundidades más oscuras del mar; desde la magnificencia del palacio de Buckingham
hasta los barrios bajos infectados de SIDA de Cité Soleil, Haití.
Nuestro Dios está siempre presente y siempre disponible. ¡Este es
el tipo de Dios al que quiero buscar apasionadamente!

La omnisciencia de Dios

La omnipresencia de Dios señala directamente a otro de sus
atributos divinos: la omnisciencia. Ser omnisciente significa "saberlo todo". Me encanta la lista de Isaías de preguntas retóricas
acerca de Dios:

> *¿Quién guió al Espíritu del* SEÑOR, *o como consejero suyo le*
> *enseñó? ¿A quién pidió consejo y quién le dio entendimiento?*
> *¿Quién le instruyó en la senda de la justicia, le enseñó conoci-*
> *miento, y le mostró el camino de la inteligencia?*
> (Isaías 40:13–14)

La omnisciencia es intrínseca a la naturaleza de Dios; Él siempre ha sabido todo lo que hay que saber, y siempre lo sabrá. Él ve
y sabe todo lo que ocurrió en el pasado, todo lo que está y no está

ocurriendo hoy, y todo lo que ocurrirá y no ocurrirá en el futuro, sin ningún tipo de recordatorio.

Nuestro conocimiento humano viene de fuentes externas, pero el conocimiento de Dios es parte de su naturaleza. Él no necesitó leer un libro de cómo hacer algo antes de crear la tierra. Sencillamente sabía cómo. No tuvo que estudiar fisiología para crear a Adán. No tuvo que sacarse un título en astronomía para poner las estrellas en su lugar. Del mismo modo, Jesús el Hijo no tuvo que leer un libro médico para sanar a la gente de sus enfermedades y minusvalías. No tuvo que leer poemas ni cantar canciones románticas para aprender a amar. Dios *es* amor. Dios *es* conocimiento.

¿Qué hace que las personas sean capaces de crear e inventar cosas? Dios el Creador e Inventor Maestro ha liberado un diminuta porción de su creatividad divina en sus vidas. Quizá ellos piensan que algo es su propia idea original, así que se apresuran a patentarla. Pero el conocimiento acerca de la idea le pertenece a Dios, así como la gloria final por su creación. Job se vio retado por Dios en cuanto a una actitud presuntuosa cuando el Señor le dijo: *"¿Dónde estabas tú cuando yo echaba los cimientos de la tierra? Dímelo, si tienes inteligencia....¿Has comprendido la extensión de la tierra? Dímelo, si tú sabes todo esto"* (Job 38:4, 18).

Nuestro conocimiento humano viene de fuentes externas, pero el conocimiento de Dios es parte de su naturaleza.

El salmista se apasionaba con la presencia de Dios: *"Grande es nuestro Señor, y muy poderoso; su entendimiento es infinito"* (Salmos 147:5). Dios sabe todo de nosotros y está íntimamente familiarizado con todos nuestros pensamientos. Nada le es oculto. Si usted vive rectamente, puede obtener consuelo al saber que Dios es consciente de todo lo que usted hace, incluyendo las motivaciones que hay detrás de sus acciones. De hecho, Él le conoce mejor que usted mismo. Por eso David oró:

Señor, tú me examinas, tú me conoces. Sabes cuándo me siento y cuándo me levanto; aun a la distancia me lees el pensamiento. Mis trajines y descansos los conoces; todos mis caminos te son familiares. (Salmos 139:1–3, NVI)

El misterioso tres en uno

Cuando intentamos entender a Dios, nos encontramos con una paradoja. Este Dios es un Dios, y el cristianismo es una religión monoteísta. Sin embargo, Él es tres a la vez. Él es tres en uno: Padre, Hijo y Espíritu Santo. La trina naturaleza de la Deidad es uno de los misterios más profundos del cristianismo. ¿Cómo puede Dios estar unificado y a la vez ser trino?

A lo largo de los siglos desde la resurrección de Jesús, a la gente le ha costado entender esta verdad. Jesús era no solo el Mesías, sino también el Hijo de Dios Padre, y Él envió al Espíritu Santo el *día de Pentecostés, el día de* nacimiento de la iglesia. Desde entonces, la iglesia ha descubierto que no puede llevarse bien solo con uno o dos de los miembros de la Trinidad; pero como son tres en uno, no tiene por qué ser ese el caso.

Cada una de las tres diferentes Personas de la Deidad es totalmente Dios. Ninguno es menos que otro. Sin embargo, estas tres Personas son solo *un* Dios, no tres "Dioses" iguales. Esta sencilla verdad es casi imposible de entender para la mente finita, y a la vez el corazón humano puede creerla. ¿Cómo puede Dios ser descrito en términos tanto de unidad como de pluralidad? A la iglesia le ha costado (especialmente en sus primeros siglos) definir la Trinidad de forma suficientemente clara como para vencer el error y la herejía. Unidad y pluralidad deben mantenerse en un equilibrio perfecto para mantener una visión correcta de Dios. Enfatizar la unidad de Dios a costa de su trinidad llevará al error, y viceversa.

El término teológico "la Trinidad" no se encuentra en las Escrituras, aunque el concepto o principio sí está. A veces, intentamos explicar la Trinidad diciendo que Dios es como el agua en sus tres formas: líquido, vapor y hielo. Esa ilustración puede ayudar a algunas personas a entender un poco mejor el concepto, pero a la postre no se sostiene. Las mismas moléculas H_2O alternan entre aparecer como líquido, vapor o hielo, pero el modo de existencia depende de factores externos. Las tres Personas de Dios no cambian y alternan así, a veces comportándose como el Padre, a veces como el Hijo y a veces el Espíritu. Dios es totalmente cada Persona, todo el tiempo, sin cambiar.

Aunque ninguna analogía funciona perfectamente, piense en la forma en que está compuesta su Biblia. Tiene sesenta y seis libros, y a la vez es solo un Libro. Cualquier libro no es la Biblia entera, pero el Libro no está completo sin uno de los libros. Cada uno de los libros tiene la misma importancia bíblica que los demás. Del mismo modo, con el Padre, Hijo y Espíritu Santo, ninguno de los Tres es menos que los otros.

Como por lo general se le enumera el último, el Espíritu Santo a menudo es relegado en la mente de muchas personas a ser un tipo de "socio junior", una expresión menor de la personalidad o persona de Dios. Afirmar esto es un grave error. Tengo noticias para los que piensan así: ¡El Espíritu Santo sabe que Él es Dios! Y: *"donde está el Espíritu del Señor, hay libertad"* (2 Corintios 3:17). De hecho, todos conocemos primero al Espíritu Santo de manera personal cuando nos convence de nuestra necesidad de aceptar a Jesús, pero dejaré esta idea para una posterior revisión. Parte de la razón por la que el Espíritu está aquí con nosotros es para dirigir la iglesia. Sí, nuestro Padre nos ama y es Señor. Sí, Jesús nos ama y es Señor. Pero el Espíritu Santo también nos ama, y Él también es

Señor. Y cuando la iglesia no permite que el Espíritu Santo tenga rienda suelta, el cuerpo de Cristo deja de experimentar la plenitud del reino de Dios. (¡Caramba! Eso duele, ¡es una verdad dolorosa!).

En unidad, Uno

Estas antiguas palabras lo dicen muy bien: *"Oye, Israel: Jehová nuestro Dios, Jehová uno es"* (Deuteronomio 6:4, RVR-1960).

Cuando Dios sacó a los hijos de Israel de Egipto, los llamó del politeísmo (adoración a muchos dioses) de Egipto y las naciones vecinas, diciéndoles que solo había un Dios en el cielo: el Dios de Abraham, de Isaac y de Jacob. Esto se convirtió en un importante tema a lo largo de los libros del Antiguo Testamento: no hay otros dioses fuera de Dios. (Véase, por ejemplo, Isaías 43:10; 45:5). Los descubrimientos arqueológicos del antiguo Egipto han revelado la adoración de los egipcios a animales, los paisajes, fuerzas naturales, faraones, y muchas cosas más. Los israelitas habían estado rodeados de falsa adoración durante toda su vida. Ahora Dios les estaba diciendo que era extremadamente importante no adorar ídolos u otros "dioses"; no tener a esos "dioses" en mayor estima que a Él, y no menospreciar el nombre de Dios de manera alguna. Le dio a Moisés sus "diez principales" mandamientos, que incluían:

> *No tendrás otros dioses delante de mí. No te harás ídolo, ni semejanza alguna de lo que está arriba en el cielo, ni abajo en la tierra, ni en las aguas debajo de la tierra. No los adorarás ni los servirás; porque yo, el SEÑOR tu Dios, soy Dios celoso, que castigo la iniquidad de los padres sobre los hijos hasta la tercera y cuarta generación de los que me aborrecen, y muestro misericordia a millares, a los que me aman y guardan mis mandamientos. No tomarás el nombre del SEÑOR tu Dios en vano, porque el SEÑOR no tendrá por inocente al que tome su nombre en vano.* (Éxodo 20:3–7)

Esto era un asunto serio. Ningún otro dios. Ninguna otra adoración. *No denigrar al único Dios.* Ahora, como entonces, Dios quiere que confiemos exclusivamente en Él, y que demostremos nuestra confianza en el único Dios cumpliendo sus mandamientos.

En Juan 17:3, a Dios se le llama *"el único Dios verdadero"* porque todos los demás dioses son falsos. Pablo explicó a los corintios que estaban preocupados por comer alimentos que hubieran sido sacrificados a los ídolos: *"Sabemos que un ídolo no es nada en el mundo, y que no hay sino un solo Dios"* (1 Corintios 8:4; véase también Jeremías 10:1–6, 16).

En unidad, Tres

Sí, Dios es uno, pero la idea de que este Dios es plural se expresa tan temprano como en el primer capítulo de la Biblia. ¿Alguna vez ha observado el uso no muy común del lenguaje utilizado aquí? *"Y dijo Dios: Hagamos al hombre a nuestra imagen, conforme a nuestra semejanza"* (Génesis 1:26). El único Dios usa los términos plurales *"hagamos"* y *"nuestra"*.

Las tres Personas distintas de la Deidad estaban presentes en el bautismo de Jesús. En el siguiente relato, vemos al Hijo, Jesús, siendo capacitado por el Espíritu Santo, mientras que el Padre declara su aprobación desde el cielo:

> *Un día en que todos acudían a Juan para que los bautizara, Jesús fue bautizado también. Y mientras oraba, se abrió el cielo, y el Espíritu Santo bajó sobre él en forma de paloma. Entonces se oyó una voz del cielo que decía: Tú eres mi Hijo amado; estoy muy complacido contigo.* (Lucas 3:21–22, NVI)

Para reiterar: estas tres Personas de la Trinidad, Padre, Hijo y Espíritu Santo, sin duda son Personas, no meramente "manifestaciones" o "modos" de Dios. Jesús el Hijo fue enviado por el Padre (véase, por ejemplo, 1 Juan 4:10), y regresó al Padre (véase, por ejemplo, Juan 3:13), a cuya diestra está ahora sentado Jesús (véase, por ejemplo, Marcos 16:19). El Hijo envió al Espíritu, el cual había prometido el Padre, después de que Jesús ascendiera al cielo (véase Juan 14:16–17, 20–23; Hechos 2:33); y después de eso, el Espíritu Santo es mencionado frecuentemente en el Nuevo Testamento. (Véase, por ejemplo, Hechos 13:1-3; Hechos 15:28–29; 2 Corintios 13:14).

El mayor deseo de la Trinidad es ver seres humanos reunidos con Dios y unos con otros. De nuevo, mientras estaba en la tierra, Jesús oró al Padre pidiendo por sus seguidores con estas palabras:

> *La gloria que me diste les he dado, para que sean uno, así como nosotros somos uno: yo en ellos, y tú en mí, para que sean perfeccionados en unidad, para que el mundo sepa que tú me enviaste, y que los amaste tal como me has amado a mí. Padre, quiero que los que me has dado, estén también conmigo donde yo estoy, para que vean mi gloria, la gloria que me has dado; porque me has amado desde antes de la fundación del mundo. Oh Padre justo, aunque el mundo no te ha conocido, yo te he conocido, y éstos han conocido que tú me enviaste. Yo les he dado a conocer tu nombre, y lo daré a conocer, para que el amor con que me amaste esté en ellos y yo en ellos.*
>
> (Juan 17:22–26)

Una de las formas por las que sabemos que cada una de las Personas de la Trinidad debe ser totalmente Dios, y no meramente una manifestación del mismo Dios, es que las manifestaciones no conversan unas con otras, ni hacen promesas, o expresan afecto mutuo ni llevan a cabo esfuerzos y actividades, como hacen estas Personas. Me gustaría tener un mejor término para usar. "Persona" está bien, pero cada Persona de la Deidad es más que solo una persona. Y Dios no es una triple personalidad, o una "personalidad múltiple" tampoco.

Dios no está dividido; cada uno de los miembros de la Trinidad está unido a los demás. Varios versículos intentan poner este concepto en palabras, como los siguientes: *Porque toda la plenitud de la Deidad reside corporalmente en Él [Jesús]"* (Colosenses 2:9). Jesús no es menos Dios que el Padre. (Véase, por ejemplo, Juan 1:1). Vemos que Pedro equiparó al Espíritu Santo con Dios cuando reprendió a Ananías por mentir al Espíritu Santo, diciendo: *"Ananías, ¿por qué ha llenado Satanás tu corazón para mentir al Espíritu Santo…?…No has mentido a los hombres sino a Dios"* (Hechos 5:3–4).

Anteriormente en este capítulo, definí la omnipotencia de Dios, su omnipresencia, y su omnisciencia. Cada uno de estos grandes atributos de Dios lo expresa totalmente cada Persona de la Deidad. Si creemos que Dios Padre es todopoderoso, eterno y omnisciente, y si sabemos que Jesús es la representación exacta del Padre (véase Hebreos 1:3), entonces Jesús es igual al Padre y también tiene esos atributos. (Cuando se hizo Hombre y vivió en la tierra para ser nuestro representante y el sacrificio por nuestro pecado, Jesús voluntariamente se despojó de algunos de sus atributos divinos, como su omnipresencia, pero nunca cedió su naturaleza divina. Estos atributos le fueron restaurados cuando ascendió al cielo tras su triunfante resurrección). Del mismo modo, el Espíritu Santo es igual al Padre. Jesús equiparó a los tres miembros de la Trinidad cuando dijo: *"Pero el Consolador, el Espíritu Santo, a quien el Padre enviará en mi nombre, Él os enseñará todas las cosas, y os recordará todo lo que os he dicho"* (Juan 14:26).

La verdadera naturaleza de Dios

Para poder entender la inmensidad de Dios de una forma incluso parcial, debemos acercarnos a Él repetidamente y desde todos los puntos de vista posibles. Al ser humanos, siempre comenzamos, por defecto, viendo a Dios a través de las lentes humanas. Finalmente, reconocemos las limitaciones de ese enfoque, y dirigimos nuestra atención al miembro de la Trinidad que más se parece a nosotros, Jesús, quien nos lleva más allá hacia el entendimiento de la Divinidad.

Jesús nos presenta al Espíritu Santo, y viceversa; ambos nos conceden un encuentro directo con el amor de Dios. Como Dios *es* amor (véase 1 Juan 4:8, 16), nuestra experiencia de ser lavados repetidamente en su amor abre nuestros ojos a lo que Él realmente es, y entonces nunca dejamos de aprender más acerca de Él.

Ahora bien, ¡no se pierda en todos los tecnicismos teológicos! Una canción cristiana contemporánea suena ahora en mi corazón al componer esto: "Quiero ver tu rostro / Quiero conocerte más".[5] En verdad, conocer a Dios íntimamente significa conocer los atributos de su corazón más que toda la terminología teológica.

Jesús y el Espíritu Santo también nos proporcionan un encuentro directo con el amor de Dios.

Nuestras ideas distorsionadas

Para permitir que nuestra percepción del carácter de Dios se arraigue en la revelación del amor de Dios, debemos abandonar todas nuestras ideas erróneas acerca de Él. Eso es lo que tuve que hacer con la torcida idea con la que crecí respecto a Dios Padre, la cual discutí brevemente en el capítulo 1 de este libro. Hasta que no vea claramente cuánto le ama Dios, su concepto de Él estará torcido y afectado por el temor, que es lo contrario al amor. (Véase 1 Juan 4:18–19). Nunca entenderá del todo las buenas intenciones de Dios hacia usted. Tendrá una idea corrompida de Él que Satanás explotó en el jardín del Edén para dibujar una imagen errónea de Dios para los primeros seres humanos. Asegurémonos de obtener una imagen clara y precisa de Él.

---

5. De "In the Secret", de Chris Tomlin.

Dios creó a los primeros seres humanos para que pudieran tener comunión con Él, y, por supuesto, ellos dieron por hecho esa comunión. Después, cuando el diablo les persuadió para pecar, el temor entró en sus vidas. Ahora Adán y Eva intentaron esconderse de Dios. (Véase Génesis 3:8–10). Perdieron de vista por completo el hecho de que Él es un Padre amoroso. Con el paso del tiempo, la gente llegó a tener incluso más temor de Dios. Recuerde la aterrada reacción de los israelitas ante la manifestación de la presencia de Dios en el monte Sinaí. (Véase Éxodo 19). No pudieron manejarlo, así que enviaron a Moisés a hablar con Dios, mientras ellos se quedaron a salvo a la distancia. Qué reacción tan penosa vemos aquí, considerando la forma en que Dios preferiría hablar con cada uno de nosotros: de corazón a corazón.

El engaño de Satanás se extendió como una plaga. Así, no es sorprendente que cuando el propio Hijo de Dios vino a la tierra muchas generaciones después, al diablo le resultara fácil usar las ideas distorsionadas de la gente acerca de Dios para su propia ventaja. Satanás es el "dios" de este mundo, como escribió Pablo: *"El dios de este mundo ha cegado el entendimiento de los incrédulos, para que no vean el resplandor del evangelio de la gloria de Cristo, que es la imagen de Dios"* (2 Corintios 4:4).

En la Persona de Jesucristo, Dios se puso de pie ante la gente, y sin embargo la mayoría de ellos estaban ciegos a ese hecho. Le ignoraron o golpearon. El engaño original de Satanás había sido innato durante tanto tiempo que nadie reconoció el amor de Dios en la carne. La gente se había creído la mentira de que Dios es alguien que retiene, a pesar de que las Escrituras dicen justamente lo contrario, como esta: *"Pues el Señor Dios es nuestro sol y nuestro escudo; él nos da gracia y gloria. El Señor no negará ningún bien a quienes hacen lo que es correcto"* (Salmos 84:11, NTV).

Hasta la fecha, como todos sabemos muy bien, las mentiras del enemigo están impidiendo a la gente el acceso al amor de Dios.

¿Qué se puede hacer al respecto? Los creyentes deben decidir en su propio corazón y mente que Dios les ama, y que no les está negando cosa alguna. El hecho de que el Padre enviara a su propio Hijo a morir por nosotros debería ser una prueba eterna e inmarcesible de que Dios es un dador generoso y no alguien que retiene: "*El que no escatimó ni a su propio Hijo, sino que lo entregó por todos nosotros, ¿cómo no nos dará también con él todas las cosas?*" (Romanos 8:32; véase también 1 Corintios 1:4–7).

¡Tiempo muerto!

Quizá algunos de ustedes tengan que apretar el botón de "pausa" antes de seguir avanzando. Dios mismo quiere sanar nuestra mente y nuestro corazón de heridas que causan distorsiones en nuestro entendimiento de quién es Él y a qué se parece. Tan solo invoque su nombre y pídale que sane su corazón y que aclare su visión. Él está más que dispuesto a encontrarse con usted ahora mismo, ahí donde usted esté.

Verá, es demasiado fácil para la gente adquirir un buen entendimiento intelectual acerca de Dios sin formar ningún tipo de relación con Él. Quizá hayan recibido el regalo de la salvación de parte de Él, pero poco más. Han conseguido una "religión", o una forma de "iglesianismo", o incluso un gran "conocimiento mental" de Dios, pero no una fe auténtica y sincera. Solo por la fe, que es algo del corazón más que algo de la mente, podemos conocer a Dios. Estamos hablando de tener una búsqueda apasionada de Dios como respuesta a la forma en que Él nos buscó apasionadamente primero. Para mí, llegar a conocer *más de sus maravillosas y accesibles características ¡es aprender a amarle más!*

Por fe, podemos recibir su amor y expresárselo a otros. No queremos ser como los samaritanos que rechazaron a Jesús y a sus discípulos sencillamente porque se dirigían a Jerusalén, que era algo "contra su religión". Y no queremos ser como los discípulos que reaccionaron ante el rechazo de los samaritanos preguntándole a Jesús si podían hacer descender fuego del cielo para consumirlos a todos. (Véase Lucas 9:52–56).

Los discípulos no habían entendido aún el corazón de Dios Padre, ni su razón para enviar a su Hijo. En cambio, proyectaron en Él sus antiguas formas de pensar y responder a la gente. Los discípulos (y los samaritanos) estaban actuando a partir de un conjunto de ideas acerca de Dios formado por sus tradiciones culturales en lugar de hacerlo por la Palabra de Dios.

Los creyentes de hoy día no son distintos. Por eso tantas personas tienen una imagen de Dios como un ogro enojado que está dispuesto a golpear a cualquier ofensor sin misericordia; o justamente lo contrario, un Jesús sin carácter y global que nunca le diría ninguna palabra de corrección a nadie.

El libro más fiable para saber cómo es Dios es la misma Palabra de Dios, en la que Dios nos advierte con antelación:

Porque mis pensamientos no son vuestros pensamientos, ni vuestros caminos mis caminos—declara el SEÑOR. Porque como los cielos son más altos que la tierra, así mis caminos son más altos que vuestros caminos, y mis pensamientos más que vuestros pensamientos. (Isaías 55:8–9)

Nunca, jamás, suponga que sabe lo que Dios está pensando a menos que Él se lo diga mediante su Palabra. La presunción siempre lleva al malentendido. Y el malentendido lleva a conflicto con otros creyentes, al comenzar a deshonrar al otro y discutir sobre nuestras ideas acerca de la verdad. La "religión" ha retrasado la causa de Dios. Si no tenemos cuidado, difamaremos el carácter de Dios al insultarnos unos a otros en nombre de la religión y la verdad parcial. El único que se agrada de que eso pase es el diablo. Dios es el Autor de la fe, la esperanza y el amor, no de la competición, los celos y las riñas.

De hecho, ¡Dios vive en comunidad! Dios *es* una comunidad. ¡Dios se gusta a sí mismo! Vaya, ahora tenemos aquí un asombroso concepto para meditar durante un rato. Las tres Personas de la Trinidad no se sienten amenazas entre sí. ¡Cada una quiere que los otros miembros reciban la gloria! Me los imagino diciéndose el uno al otro: "¡Eres genial!"; "La verdad, ¡tú sí que eres grande!"; "Pero no podría hacer lo que hago sin ti". ¡Dios vive en una zona libre de competencia consigo mismo!

La imagen de Dios revelada en su Hijo

Además de la Palabra escrita, la expresión más clara de Dios para nosotros de su naturaleza viene en la forma de su Hijo. Jesucristo es Dios en la carne, comiendo, bebiendo, enseñando y sanando, y ofreciéndose como el sacrificio perfecto para que pudiéramos conocer a Dios por nosotros mismos.

> [Jesús] *es el resplandor de su gloria y la expresión exacta de su naturaleza, y sostiene todas las cosas por la palabra de su poder. Después de llevar a cabo la purificación de los pecados, se sentó a la diestra de la Majestad en las alturas, siendo mucho mejor que los ángeles, por cuanto ha heredado un nombre más excelente que ellos.* (Hebreos 1:3–4)

Jesús representa exactamente a Dios y su gran amor por el pueblo que ha creado a su imagen. Jesús es la frase de Dios al mundo: "¡Aquí estoy! ¡Así soy!". Jesús ejemplifica en todos los aspectos el amor de Dios, no solo a través de sus palabras sino también mediante su estilo de vida de intervención compasiva.

El Pastor vino a rescatar a sus ovejas y asegurarse de que su operación de rescate pudiera continuar hasta el final de los tiempos. Cuando caminó por los caminos polvorientos de Judea, habló claramente acerca de cómo era su Padre y cómo acercarse a Él, diciendo, por ejemplo:

... y tu Padre, que ve en lo secreto, te recompensará....Y al orar, no uséis repeticiones sin sentido, como los gentiles, porque ellos se imaginan que serán oídos por su palabrería. Por tanto, no os hagáis semejantes a ellos; porque vuestro Padre sabe lo que necesitáis antes que vosotros le pidáis. Vosotros, pues, orad de esta manera: "Padre nuestro que estás en los cielos, santificado sea tu nombre...". (Mateo 6:4, 7–9)

Pidan, y se les dará; busquen, y encontrarán; llamen, y se les abrirá....¿Quién de ustedes, si su hijo le pide pan, le da una piedra? ¿O si le pide un pescado, le da una serpiente? Pues si ustedes, aun siendo malos, saben dar cosas buenas a sus hijos, ¡cuánto más su Padre que está en el cielo dará cosas buenas a los que le pidan! (Mateo 7:7, 9–11, nvi)

Pues el Padre mismo os ama, porque vosotros me habéis amado y habéis creído que yo salí del Padre. (Juan 16:27)

Durante todo su ministerio terrenal, Jesús añadió acciones a sus palabras, ejemplificando el amor del Padre mediante sus obras. Esta es una pequeña muestra de lo que hizo durante su corto ministerio de tres años:

Vosotros sabéis cómo Dios ungió a Jesús de Nazaret con el Espíritu Santo y con poder, el cual anduvo haciendo bien y sanando a todos los oprimidos por el diablo; porque Dios estaba con Él. (Hechos 10:38)

Y al desembarcar, vio una gran multitud, y tuvo compasión de ellos y sanó a sus enfermos. (Mateo 14:14)

Jesús llamó a sus discípulos y les dijo: —Siento compasión de esta gente porque ya llevan tres días conmigo y no tienen nada que comer. No quiero despedirlos sin comer, no sea que

> *se desmayen por el camino....Tomando [Jesús] los siete panes*
> *y los pescados, dio gracias, los partió y se los fue dando a los*
> *discípulos. Éstos, a su vez, los distribuyeron a la gente. Todos*
> *comieron hasta quedar satisfechos. Después los discípulos re-*
> *cogieron siete cestas llenas de pedazos que sobraron.*
>
> (Mateo 15:32, 36–37, nvi)

Sus discípulos lo recibieron todo. Cuando Jesús regresó al cielo, ellos repitieron su enseñanza hasta que, por la inspiración del Espíritu Santo, una gran parte se escribió en forma de lo que ahora llamamos la Biblia. Y desde el mismo comienzo de la vida de la iglesia, ellos repitieron sus hechos poderosamente compasivos.

Conocer el corazón amoroso de Dios

Nosotros no vivimos en el primer siglo. Eso pasó hace mucho tiempo. ¿Cómo podemos los cristianos del siglo XXI no solo experimentar el amor de Dios sino también reproducir sus compasivos hechos, como lo hicieron los discípulos de Jesús? Solo con saber los datos históricos y las reivindicaciones teológicas no es suficiente, ¿cierto?

Las palabras del apóstol Pedro son tan ciertas hoy como lo eran hace dos mil cien años:

> *Pues su divino poder nos ha concedido todo cuanto concierne*
> *a la vida y a la piedad, mediante el verdadero conocimiento*
> *de aquel que nos llamó por su gloria y excelencia.*
>
> (2 Pedro 1:3)

Vuelva a leer todo el versículo, poniendo su nombre en lugar de "*nos*". Su divino poder ha concedido todo...¿a quién? A usted y a mí. ¿Mediante qué? Mediante el conocimiento de Dios, el conocimiento personal. ¿Cómo? ¡Mediante "nuestro conocimiento de Dios y su Palabra"!

Demasiadas personas intentan vivir una buena vida bajo su propio esfuerzo. Por ejemplo, mediante el poder de la voluntad, puede que temporalmente enmascaren su pecado e intenten vencer sus malos hábitos. Pero para vivir un estilo de vida verdaderamente coherente y piadoso, necesitamos la ayuda de Él. ¡Los vendajes no duran mucho! ¡Necesitamos a Dios para conocer a Dios!

Nuestro Dios es accesible. De hecho, es posible conocer a Aquel que da generosamente a todo aquel que pida. (Véase Lucas 11:9–13). Usted puede aprender a reconocer su voz. Puede conocer a Dios y caminar con Él. Al hacerlo, entonces (y solo entonces) será capaz de apropiarse de todos los dones que Él le ha otorgado. Él le dará cada vez un mayor conocimiento de Él, una mente renovada, una gracia que da vida y bondad, y una verdadera transformación conforme a la imagen de Dios. ¡Usted puede ser cambiado!

Nuestro Dios es accesible. Usted puede conocer a Dios y caminar con Él.

De la Palabra de Dios, aquí tiene una prueba positiva de su deseo y promesa de habitar con usted y rehacerle a su imagen:

De manera que Cristo more por la fe en vuestros corazones; y que arraigados y cimentados en amor, seáis capaces de comprender con todos los santos cuál es la anchura, la longitud, la altura y la profundidad, y de conocer el amor de Cristo que sobrepasa el conocimiento, para que seáis llenos hasta la medida de toda la plenitud de Dios. (Efesios 3:17–19)

Pero Dios, que es rico en misericordia, por causa del gran amor con que nos amó, aun cuando estábamos muertos en nuestros delitos, nos dio vida juntamente con Cristo (por gracia habéis sido salvados), y con El nos resucitó, y con El nos sentó en los lugares celestiales en Cristo Jesús, a fin de poder mostrar en los siglos venideros las sobreabundantes riquezas de su gracia por su bondad para con nosotros en Cristo Jesús.

(Efesios 2:4–7)

No se amolden al mundo actual, sino sean transformados mediante la renovación de su mente. Así podrán comprobar cuál es la voluntad de Dios, buena, agradable y perfecta.

(Romanos 12:2)

Dios define perfectamente la palabra *amor*. ¡Qué amor tan maravilloso demuestra Él! Él nos salva y rescata de la oscuridad del pecado, y ejercita su poder milagroso para liberarnos, transformarnos y enseñarnos a amar. En verdad, "[Dios] *es galardonador de los que le buscan*" (Hebreos 11:6, RVR-1960).

Él lo hace perfectamente. En cierto modo, habría deseado que cuando nací de nuevo, Dios hubiera pasado un cepillo de raíz por mi cerebro, para dejarlo bien limpio. Pero no lo hizo. De igual modo, Él nos deja a cada uno una medida de "*ocuparnos*" de nuestra salvación "*con temor y temblor*" (Filipenses 2:12). Él es socio con nosotros, y nos ha dado su Palabra como una promesa y como una guía. Nos ha dado el poder de la oración. Nos ha dado una comunidad de creyentes. Y nos ha dado la dádiva del Espíritu Santo. Así, lo mejor de todo, nos ha dado a Él mismo para que podamos ser renovados desde el primer momento de nuestra nueva vida hacia delante.

"*Y nosotros hemos llegado a saber y creer que Dios nos ama. Dios es amor. El que permanece en amor, permanece en Dios, y Dios en él*" (1 Juan 4:16, NVI). Porque, como puede ver: "*En el amor no hay temor, sino que el perfecto amor echa fuera el temor, porque el temor involucra castigo, y el que teme no es hecho perfecto en el amor*" (1 Juan 4:18).

Dios llega a vivir su vida a través de nosotros, y tenemos que ser continuamente renovados en el proceso.

"Porque somos hechos participantes de Cristo, con tal que retengamos firme hasta el fin nuestra confianza del principio" (Hebreos 3:14, RVR-1960).

El Todopoderoso, Padre amoroso

Durante demasiado tiempo, la iglesia se ha visto paralizada mediante ideas distorsionadas de Dios. Pero estamos despertando al hecho de que Dios está por nosotros y que no se nos opondrá. La iglesia primitiva conocía esta realidad mejor que nosotros, y realizaron obras poderosas. Los creyentes fieles a través de los siglos han sido llevados por la misma verdad. Podemos comenzar desde donde ellos lo dejaron, si aceptamos la invitación de Dios para arraigarnos en su amor y crecer en él. (Véase Efesios 3:17–19). ¡*"Nosotros amamos, porque Él nos amó primero"* (1 Juan 4:19)!

Como algunos de ustedes saben, yo fui cantante antes que predicador o escritor. Por lo tanto, brotan canciones de mi corazón continuamente. Esta es otra: "Qué grande es nuestro Dios".[6] Dios es todo amor, lo sabe todo, es eterno y todopoderoso. Y está disponible para nosotros a través de su Hijo Jesús y por el poder y la fuerza del Espíritu Santo, a medida que aplicamos lo que dijo Jesús: *"En verdad, en verdad os digo: el que cree en mí, las obras que yo hago, él las hará también; y aun mayores que éstas hará, porque yo voy al Padre"* (Juan 14:12).

Cuanto más le conozco, más quiero conocerle. Tengo mucha hambre de conocer todo lo que pueda acerca de este Dios que me ama. ¿Y usted? ¿Está creciendo en su búsqueda de Dios?

---

6. Chris Tomlin, Ed Cash, y Jesse Reeves, 2004.

4

¡Ha llegado el Mesías!

Jesús le dijo: ¿Tanto tiempo he estado con vosotros, y todavía
no me conoces, Felipe? El que me ha visto a mí, ha visto al
Padre; ¿cómo dices tú: "Muéstranos al Padre"?...Nadie viene
al Padre sino por mí.
—Juan 14:9, 6

Es importante…que tengamos claro en nuestra mente lo
que significa conocer a Jesús.[7]
—J. I. Packer

Jesús el rabino había estado caminando todo el día en compañía de sus doce jóvenes discípulos. Al entrar en la región de Cesarea de Filipo, decidieron descansar un poco en la agradable sombra junto a un estanque de agua de manantiales. Treinta kilómetros atrás, habían dejado a miles de hombres, mujeres y niños que habían comenzado a seguir a Jesús por el mar de Galilea. Su rabino también hacía milagros, y había sanado a cojos, sordos y ciegos, y lo había culminado con la alimentación de más de cuatro

7. J. I. Packer, *Knowing God* (Downers Grove, IL: InterVarsity Press, 1973), 37.

mil personas multiplicando una escasa cantidad de pan y pescado. (Véase, por ejemplo, Mateo 15:29–39).

"¿Quién dice la gente que soy yo?"

Mientras los discípulos descansaban sus cansados pies, Jesús se volvió hacia ellos y les preguntó, sin rodeos: *"¿Quién dicen los hombres que es el Hijo del Hombre?"* (Mateo 16:13; véase también Marcos 8:27).

Animadas especulaciones acerca de Jesús surgieron entre la gente en todas las ciudades que visitaba, así que los discípulos le dijeron: *"Unos, Juan el Bautista; y otros, Elías; pero otros, Jeremías o uno de los profetas"* (Mateo 16:14). ¿Por qué esos tres profetas, todos ellos muertos, uno de ellos recientemente?

La mayoría sabía que Herodes, el gobernador de Galilea, había decapitado a Juan hacía poco tiempo. ¿Estaban pensando que Jesús era realmente Juan, resucitado de los muertos? De ser así, ¿se debía a que las mismas multitudes que habían seguido a Juan seguían ahora a Jesús, y que su mensaje era parecido al de Juan? ¿Era por los milagros? Eso es lo que pensaba Herodes: *"En aquel tiempo Herodes el tetrarca se enteró de lo que decían de Jesús, y comentó a sus sirvientes: '¡Ése es Juan el Bautista; ha resucitado! Por eso tiene poder para realizar milagros'"* (Mateo 14:1–2, NVI).

Quizá algunas de las personas esperaban que Jesús fuera el Elías que cumpliría la profecía de Malaquías: *"He aquí, yo os envío al profeta Elías antes que venga el día del SEÑOR, día grande y terrible"* (Malaquías 4:5). En su tradición oral, habrían repasado estas palabras muchas veces, especulando cuándo y cómo se cumplirían.

O quizá las personas que decían que Jesús realmente era Jeremías, conocido también como "el profeta llorón", basaban sus especulaciones en la gran compasión de Jesús hacia la gente. Si yo hubiera estado entre esas multitudes, quizá habría pensado que estaba viendo a un nuevo Jeremías o Elías. Hubiera tenido sentido.

"¿Quién decís que soy yo?"

Después el Maestro cambió a una segunda pregunta: *"Y vosotros, ¿quién decís que soy yo?"* (Mateo 16:15).

La mayoría de los hombres no se apresuraron tanto esta vez para responder. Aún no estaban seguros de saberlo. Obviamente, esa era una pregunta mayor. Hasta la fecha, sigue siendo la mayor pregunta que cada individuo debe responder.

Pero Pedro, casi sin dudar, espetó: *"Tú eres el Cristo, el Hijo del Dios viviente"* (Mateo 16:16). Y Jesús exclamó: *"Bienaventurado eres, Simón, hijo de Jonás, porque esto no te lo reveló carne ni sangre, sino mi Padre que está en los cielos"* (Mateo 16:17).

Como siempre digo: "Para conocer a Dios es necesario Dios", y sé que Pedro pudo haber reconocido la divinidad de Jesús solamente con la ayuda del Espíritu de Dios. Sin entender quién había puesto la idea en su cabeza, Pedro abrió su boca y proclamó lo más cierto que jamás había dicho. No pretendo insultar a aquel que se convirtió en un gran apóstol, pero hasta este momento, Pedro había sido un tanto zopenco, casi como si fuera uno de "Los tres chiflados". Y entonces, de repente, alzándose con autoridad apostólica, anunció a los demás que su notable rabino era realmente el *Christos* (la palabra griega para "Cristo", el Ungido que era el verdadero Mesías).

Jesús le dijo a Pedro que no era posible que sus sentidos naturales hubieran podido de alguna manera penetrar en el misterio de su identidad, y lo mismo ocurrirá siempre en cualquier ser humano. El Espíritu de revelación debe mostrarnos quién es Jesús. Entonces, como Pedro, podemos reconocer que Jesús viene del Padre y que Él es el Hijo del Dios vivo. En otras palabras, la primera Persona de la Deidad con la que cualquiera tiene un encuentro debe ser el Espíritu, porque Él abre el camino para una reunión transformadora con el Hijo y el Padre al convencernos de las realidades espirituales de la vida.

El Hijo del Dios vivo es el Mesías, el tan esperado Rey y Libertador de los judíos, y el Salvador de la humanidad. Cuando Jesucristo es parte del cuadro de nuestra vida, las cosas cambian. El Mesías judío es el Salvador cristiano. Sin judaísmo, no habría habido Mesías. Sin el Mesías, no podría haber habido cristianismo. Sin Jesús el Mesías, la humanidad aún estaría en tinieblas.

"¿Quién decís que soy yo?". Jesús nos confronta a todos con esta pregunta. Nuestra respuesta determina nuestro presente, nuestro futuro y nuestro destino eterno. Esta es la pregunta más importante que cada persona debe responder. El conocimiento intelectual es bueno, pero debe conocer a este Jesús Mesías con su corazón. En eso consiste una verdadera relación: involucrar el corazón. Así, ¿quién dice usted en su corazón que es Jesucristo?

Nuestra respuesta a la pregunta de Jesús "¿Quién decís que soy yo?" determina nuestro presente, nuestro futuro y nuestro destino eterno.

Jesús, el cumplidor de la profecía mesiánica

Podemos encontrar al menos 129 profecías bíblicas respecto al primer adviento (venida) del Mesías, Cristo Jesús: su llegada a la tierra como un bebé y su ministerio. Como acertadamente dice Hechos 3:24: *"Y todos los profetas desde Samuel en adelante, cuantos han hablado, también han anunciado estos días"* (RVR-1960). El doble de esta cantidad de profecías adicionales del Antiguo Testamento también hablan de la segunda venida de Cristo. Solo podré quedarme en la superficie del número completo de pasajes del Antiguo Testamento que se correlacionan con su cumplimiento en el Nuevo Testamento. Sin embargo, demos unos cuantos pasos juntos por este viaje esclarecedor de llegar a conocer a Dios y su Palabra.

Profecías del nacimiento del Mesías

Nacido de una virgen

Isaías profetizó osadamente que Dios enviaría un Hijo, y que Él sería concebido en el vientre de una joven que nunca había tenido relaciones sexuales: *"Por tanto, el Señor mismo os dará señal: He aquí que la virgen concebirá, y dará a luz un hijo, y llamará su nombre Emanuel"* (Isaías 7:14, RVR-1960). Tenía toda la razón. ¿Qué ocurrió? Una joven, era una adolescente en verdad, llamada María en la ciudad de Nazaret, que estaba prometida con un hombre más mayor llamado José pero que aún vivía con sus padres, tuvo una impactante visita del arcángel Gabriel. Lucas y Mateo nos dan estos relatos:

> *A los seis meses, Dios envió al ángel Gabriel a Nazaret, pueblo de Galilea, a visitar a una joven virgen comprometida para casarse con un hombre que se llamaba José, descendiente de David. La virgen se llamaba María.* (Lucas 1:26–27, NVI)

> *Y el nacimiento de Jesucristo fue como sigue. Estando su madre María desposada con José, antes de que se consumara el matrimonio, se halló que había concebido por obra del Espíritu Santo….Todo esto sucedió para que se cumpliera lo que el Señor había hablado por medio del profeta, diciendo: He aquí, la virgen concebirá y dará a luz un hijo, y le pondrán por nombre Emmanuel, que traducido significa: Dios con nosotros….Y la conservó virgen hasta que dio a luz un hijo; y le puso por nombre Jesús.* (Mateo 1:18, 22–23, 25)

El Hijo de Dios nació de una madre virgen, de una joven mujer que nunca había conocido hombre alguno. Tan solo medite en esta revelación profética. Cuando lo haga, creará asombro y maravilla en su corazón. ¡Oh, el esplendor y la planificación exquisita de Dios!

Nacido en Belén

Incluso el lugar del pueblo donde María daría a luz al Mesías apareció en profecía. Miqueas ya lo dijo:

> *Pero tú, Belén Efrata, pequeña para estar entre las familias de Judá, de ti me saldrá el que será Señor en Israel; y sus salidas son desde el principio, desde los días de la eternidad.*
>
> (Miqueas 5:2, RVR-1960)

No fue Nazaret, como sería de esperar, sino Belén, a unos 110 kilómetros de distancia, donde estaba el lugar de nacimiento del Mesías. Esto ocurrió debido a unas circunstancias especiales, las cuales tanto Lucas como Mateo narran. Veamos primero el pasaje de Lucas:

> *Por aquellos días Augusto César decretó que se levantara un censo en todo el imperio romano. (Este primer censo se efectuó cuando Cirenio gobernaba en Siria.) Así que iban todos a inscribirse, cada cual a su propio pueblo. También José, que era descendiente del rey David, subió de Nazaret, ciudad de Galilea, a Judea. Fue a Belén, la ciudad de David, para inscribirse junto con María su esposa. Ella se encontraba encinta.*
>
> (Lucas 2:1–5, NVI)

Para cumplir las profecías, Jesús tenía que proceder del linaje del rey David, el cual José, el humilde carpintero tenía, así como María, su prometida. El inconveniente del censo hizo que José y María viajaran a otra parte del país, donde los descendientes de David debían registrarse.

Incluso el rey Herodes (padre de Herodes Antipas, quien decapitó a Juan el Bautista) se tomó en serio la profecía de Miqueas, después de preocuparse por el hecho de que se pudiera haber cumplido ya. Preguntó a sus eruditos mejor informados acerca de dónde exactamente debía nacer este "Gobernante".

Entonces, reuniendo a todos los principales sacerdotes y escri-
bas del pueblo, indagó de ellos dónde había de nacer el Cristo.
Y ellos le dijeron: En Belén de Judea, porque así está escrito
por el profeta: "Y tu, Belén, tierra de Judá, de ningún modo
eres la mas pequeña entre los príncipes de Judá; porque de ti
saldrá un Gobernante que pastoreará a mi pueblo Israel".

(Mateo 2:4–6)

Nacerá un Hijo

Las profecías tenían todo lujo de detalles: este bebé nacería
de una virgen que daría a luz en la aldea de Belén. Y el bebé sería
varón, un hijo. Los profetas podían haber presagiado que un ángel vendría a la tierra, o que una hija nacería, o tan solo decir un
"bebé", sin designar el género. Pero Isaías dijo que sería un Hijo
varón, y dio al Niño muchos nombres para mostrar su importancia
al mundo:

Porque un niño nos es nacido, hijo nos es dado, y el principado
sobre su hombro; y se llamará su nombre Admirable, Conseje-
ro, Dios Fuerte, Padre Eterno, Príncipe de Paz.

(Isaías 9:6, RVR-1960)

Una vez más, Mateo y Lucas escribieron acerca de cómo se
cumplió la profecía:

[Un ángel del Señor le dijo a José], [María] *dará a luz un*
hijo, y le pondrás por nombre Jesús, porque él salvará a su
pueblo de sus pecados….Pero [José] *no tuvo relaciones conyu-*
gales con ella hasta que dio a luz un hijo, a quien le puso por
nombre Jesús.   (Mateo 1:21, 25, NVI)

[El ángel Gabriel le dijo a María], *"Quedarás encinta y da-*
rás a luz un hijo, y le pondrás por nombre Jesús. Él será un
gran hombre, y lo llamarán Hijo del Altísimo. Dios el Señor

le dará el trono de su padre David…"….Así que dio a luz a
su hijo primogénito. Lo envolvió en pañales y lo acostó en un
pesebre, porque no había lugar para ellos en la posada.

(Lucas 1:31–32; 2:7, nvi)

Esto fue más que tan solo "revelar el género". Y el anuncio de que "Ha llegado el Salvador" es más que una mera frase en una tarjeta de Navidad. Es una realidad viva. Jesús, que es Dios, ¡se encarnó para habitar entre nosotros!

Después de que el ángel Gabriel le dijo a María que llevaría un Hijo, él especificó exactamente cómo debía llamarle: *"Jesús"* (Lucas 1:31). Aunque *Jesús* (*Yeshua*, o *Joshua*) era un nombre bastante común en esos tiempos, significa "Dios salva", lo cual resultó ser un nombre bastante significativo para el Mesías, Aquel que salvaría a su pueblo de sus pecados.

Matanza de los niños

No pasó mucho tiempo hasta que Herodes dio con José, María y Jesús, o al menos eso pensaba él. Para eliminar cualquier probabilidad de que un niño creciera y se convirtiera en su rival, envió soldados para arrancar de los brazos de sus madres a todos los bebés varones de menos de dos años, y para matarlos con sus espadas manchadas de sangre. ¿Se imagina el angustiado dolor de esas madres y sus familias? Jeremías había profetizado:

Así dice el Señor: "Se oye un grito en Ramá, lamentos y amargo llanto. Es Raquel, que llora por sus hijos y no quiere ser consolada; ¡sus hijos ya no existen!" (Jeremías 31:15, nvi)

Cuando se produjo la matanza de Herodes, Jesús y sus padres habían viajado lejos, a Egipto, ya que José había recibido aviso en sueños para que huyeran. (Véase Mateo 2:13–14). Pero la palabra del profeta llorón se había cumplido:

*Entonces Herodes, al verse burlado por los magos, se enfureció
en gran manera, y mandó matar a todos los niños que había
en Belén y en todos sus alrededores, de dos años para abajo,
según el tiempo que había averiguado de los magos. Entonces
se cumplió lo que fue dicho por medio del profeta Jeremías,
cuando dijo: **Se oyó una voz en Ramá, llanto y gran lamen-
tación; Raquel que llora a sus hijos,** y que no quiso ser consolada porque ya no existen.* (Mateo 2:16–18)

La "*Raquel*" simbolizada en la profecía de Jeremías era la esposa de Jacob, la que murió al dar a luz. Murió en Ramá (situada en
la región que más tarde se convirtió en el territorio de Benjamín)
mientras viajaba hacia el sur desde Betel a Belén con Jacob y el
resto de la familia. (Véase Génesis 35:16–20). El profeta Samuel
se refirió a la tumba de Raquel diciendo que estaba en esa zona.
(Véase 1 Samuel 10:2). Se podría decir que "el llanto de Raquel"
aún se sigue oyendo en Ramá. A menos de siete kilómetros de la
ubicación actual de Ramá (ahora llamada Er Ram) está la ciudad
de Ramala, donde se encuentra la sede central de la Organización
para la Liberación de Palestina (OLP), el cuerpo gobernante de
Palestina. El diablo odia el lugar del nacimiento de Jesús y ha hecho de esa zona un lugar violento para la voz de conflicto, peligro y
muerte, aparentemente sin preocuparse de que este resultado, en sí
mismo, sigue cumpliendo con la profecía.

Profecías del ministerio de enseñanza y milagros del Mesías

Siguiendo con las profecías concernientes al ministerio de
Jesús ya de adulto, aquí de nuevo solo puedo escoger algunos ejemplos representativos. Muchas, muchas profecías hablan en detalle
de sus enseñanzas y milagros. Siempre hace que mi corazón se de-
rrita de amor por Él el hecho de leer acerca de su compasión por
los necesitados.

Sanando ojos ciegos, abriendo oídos sordos

En la profecía de Isaías respecto al Mesías, el profeta profetizó: *"Entonces se abrirán los ojos de los ciegos"* (Isaías 35:5). Los seguidores de Jesús recogieron estas palabras mientras su ministerio estaba empezando y las palabras comenzaron a ver su cumplimiento. Una de las sanidades más memorables ocurrió en Jericó, donde un mendigo ciego llamado Bartimeo (al cual muchos debían de conocer por nombre en esa localidad) supo que Jesús de Nazaret pasaría por allí. De algún modo, ya fuera por el zumbido de emoción de los viandantes, o posiblemente porque sus otros sentidos, incluido su discernimiento espiritual, fueron realzados debido a su gran déficit en la vista, Bartimeo supo que esa podía ser su gran oportunidad. Dirigiendo sus ojos sin vista en dirección al camino, clamó:

> *¡Jesús, Hijo de David, ten misericordia de mí! Y muchos lo reprendían para que se callara, pero él gritaba mucho más: ¡Hijo de David, ten misericordia de mí! Y Jesús se detuvo y dijo: Llamadle. Y llamaron al ciego, diciéndole: ¡Anímate! Levántate, que te llama. Y arrojando su manto, se levantó de un salto y fue a Jesús. Y dirigiéndose a él, Jesús le dijo: ¿Qué deseas que haga por ti? Y el ciego le respondió: Raboní, que recobre la vista. Y Jesús le dijo: Vete, tu fe te ha sanado. Y al instante recobró la vista, y le seguía por el camino.*
>
> (Marcos 10:47–52)

Al ciego Bartimeo no le importó lo que otras personas pensaran o dijeran. Iba a apropiarse de la sanidad mientras estuviera disponible. Iba a gritar alto para que se le oyera por encima del nivel de ruido de la multitud. Los mendigos nunca se preocupan por el protocolo social. Y su atrevida petición fue concedida del todo. A partir de entonces, estoy seguro de que nunca volvió a mendigar más en toda su vida.

Isaías no solo dijo que el Mesías que obraba milagros abriría los ojos de los ciegos, sino que el profeta añadió que también abriría los oídos de los sordos: *"Los oídos de los sordos se destaparán"* (Isaías 35:5). A menudo, cuando alguien no puede oír, tampoco puede hablar. Si alguien ha sido sordo desde su nacimiento, no sabe cómo suena una voz humana. Jesús se encontró a un niño sordomudo cuyo preocupado padre fue tan persistente como lo fue Bartimeo. Cuando Jesús apareció, este padre clamó de entre la multitud. Evidentemente, los discípulos de Jesús no habían podido ayudarle. (Véase Marcos 9:18). El padre explicó la situación: *"Maestro, te traje a mi hijo que tiene un espíritu mudo"* (Marcos 9:17).

Jesús no tuvo problemas para identificar y eliminar al espíritu inmundo, sanando así la sordera del niño y su mudez. ¡Qué milagro!

> *Cuando Jesús vio que se agolpaba una multitud, reprendió al espíritu inmundo, diciéndole: Espíritu mudo y sordo, yo te ordeno: Sal de él y no vuelvas a entrar en él. Y después de gritar y de sacudirlo con terribles convulsiones, salió: y el muchacho quedó como muerto, tanto, que la mayoría de ellos decían: ¡Está muerto! Pero Jesús, tomándolo de la mano, lo levantó, y él se puso en pie.* (Marcos 9:25–27)

Cuando Jesús liberó al niño de su sordera y mudez, ¡quitó también el bloqueo de su espíritu! Ahora podía crecer como un ser humano normal, libre para conseguir un salario y, espero, para contar durante el resto de su vida el día en que Jesús llegó a la ciudad. Nunca más sufriría en terror mudo cuando su cuerpo se descontrolaba, sacudiéndose rígidamente.

Este mismo Jesús nos ministra hoy, estemos o no siendo físicamente atrapados por un espíritu inmundo.[8] Cuando nuestros

---

8. Para más detalles sobre este tema, vea el libro de James Goll, *Deliverance from Darkness* (Grand Rapids, MI: Chosen Books, 2010).

espíritus están atados, silenciados y paralizados, incapaces de llegar hasta Jesús en fe, solo es necesario que Él diga unas palabras, y todas nuestras ataduras se caen. De inmediato, podemos pensar de nuevo con claridad. Somos libres para responder, porque podemos oír sus palabras. Jesús está vivo y actuando en el planeta Tierra, ¡y Él es el mismo ayer, hoy y por los siglos! (Véase Hebreos 13:8).

> *Los mendigos nunca se preocupan por el protocolo social.*
> *Y Jesús concedió del todo la atrevida petición*
> *del ciego Bartimeo.*

Enseñar en parábolas

Solo he comenzado a sacar las profecías del Antiguo Testamento que cumplió Jesús. Una que se menciona con menos frecuencia que otras es esta: *"En parábolas abriré mi boca"* (Salmos 78:2).

¿Quién casi siempre abrió su boca para declarar parábolas? El Mesías, Yeshua. Después de narrar algunas de sus enseñanzas, Mateo informó: *"Todo esto habló Jesús por parábolas a la gente, y sin parábolas no les hablaba; para que se cumpliese lo dicho por el profeta, cuando dijo: Abriré en parábolas mi boca; declararé cosas escondidas desde la fundación del mundo"* (Mateo 13:34–35, RVR-1960).

Este fue el estilo de ministerio de Jesús, y le permitió enseñar la verdad con muchas capas de significado que podían alcanzar a distintas personas. Qué Maestro tan brillante. Él habla verdad; Él esconde verdad. Enseñando en parábolas veladas, crea un ferviente anhelo dentro de nosotros para llevarnos a una búsqueda apasionada de Dios mismo.

Jesús habló en parábolas sobre la oración, la redención, el amor, el perdón, la maldad y el fin del mundo, así como parábolas sobre buscar a Dios y crecer en Él, que es lo que estamos haciendo mediante este libro. Verdaderamente, mejor que cualquiera antes o después, Jesús cumplió la frase profética del salmista *"Abriré en parábolas mi boca"*.

Proclamar las buenas nuevas

Los profetas sabían que el Mesías proclamaría las "buenas nuevas", aunque nadie podía anticipar las implicaciones de su mensaje completo. Y sabían que alguien especial, un "mensajero", aparecería con antelación para allanar el camino para Él. Tanto Isaías como Malaquías hablaron de este mensajero:

> *Una voz clama: Preparad en el desierto camino al SEÑOR; allanad en la soledad calzada para nuestro Dios. Todo valle sea elevado, y bajado todo monte y collado; vuélvase llano el terreno escabroso, y lo abrupto, ancho valle.* (Isaías 40:3–4)

> *He aquí, yo envío mi mensajero, el cual preparará el camino delante de mí; y vendrá súbitamente a su templo el Señor a quien vosotros buscáis, y el ángel del pacto, a quien deseáis vosotros. He aquí viene, ha dicho Jehová de los ejércitos.*
> (Malaquías 3:1, RVR-1960)

Ellos se imaginaban un predecesor, un mensajero, que sería muy esperado (en parte debido a sus profecías). Después, *"vendrá súbitamente a su templo el Señor a quien vosotros buscáis"*, como Malaquías había profetizado. Él lo hizo, y lo sigue haciendo.

Oramos y buscamos y Dios y esperamos su presencia; y al mismo tiempo, cuando aparece, nos quedamos perplejos y asombrados. Los creyentes que esperaban el Espíritu en el aposento alto no se podían imaginar que Él vendría como lo hizo el día de Pentecostés. (Véase Hechos 2). ¡Con qué rapidez se diseminaron las buenas nuevas una vez que apareció el Mensajero Principal! (Si quiere vigorizar su fe, haga un estudio bíblico de los "inesperados" de Dios).

Al comienzo de su evangelio, Marcos citó la profecía de Isaías 40 en relación con Juan el Bautista. Quería asegurarse de que todos entendieran que el cumplimiento de esa palabra había venido en carne:

> Como está escrito en el profeta Isaías: *He aquí, yo envío mi mensajero delante de tu faz, el cual preparara tu camino. Voz del que clama en el desierto: "Preparad el camino del Señor, haced derechas sus sendas".* Juan el Bautista apareció en el desierto predicando el bautismo de arrepentimiento para el perdón de pecados. (Marcos 1:2–4)

Predicar a los pobres

Cuando Jesús apareció en escena, ¿a dónde fue primero? ¿A los palacios de los reyes o los recibidores de los gobernantes? No, fue donde sus pies pudieran llevarle, y se detuvo en el camino una y otra vez para bendecir a los más pobres y necesitados. Él es el original que se detenía con los individuos. Expresó el amor del Padre a los pobres y desamparados de las formas más "reales" y apropiadas: sanando sus enfermedades, alimentando sus estómagos hambrientos, vendando sus corazones heridos, tal y como Isaías había profetizado setecientos años atrás:

> El Espíritu del Señor omnipotente está sobre mí, por cuanto me ha ungido para anunciar buenas nuevas a los pobres. Me ha enviado a sanar los corazones heridos, a proclamar liberación a los cautivos y libertad a los prisioneros.
> (Isaías 61:1, NVI)

Su corazón por los pobres era mayor que el que cualquiera hubiera visto antes. Todos los demás "mesías" que habían afirmado haber sido enviados por Dios parecían interesarse principalmente en predicar contra la maldad y/o la estimulante acción política. Jesús era diferente. Él amaba genuinamente a la gente. Detenía lo que estaba haciendo para sentar a los niños en su regazo (véase Mateo 19:3–15) y para hacer pan y pescado más que suficiente para que comieran sus hambrientos seguidores (véase, por ejemplo, Juan 6:1–14). Detuvo una procesión fúnebre para resucitar al único hijo de una mujer viuda. (Véase Lucas 7:11–17). Frecuentemente, su predicación tomaba la forma de una acción compasiva.

Jesús sabía que estaba cumpliendo las palabras de Isaías. Enseguida en su ministerio, visitó la sinagoga de su ciudad natal, Nazaret, y tuvo la oportunidad de leer públicamente de las Escrituras.

> *Llegó a Nazaret, donde se había criado, y según su costumbre, entró en la sinagoga el día de reposo, y se levantó a leer. Le dieron el libro del profeta Isaías, y abriendo el libro, halló el lugar donde estaba escrito: El Espíritu del Señor esta sobre mí, porque me ha ungido para anunciar el evangelio a los pobres. Me ha enviado para proclamar libertad a los cautivos, y la recuperación de la vista a los ciegos; para poner en libertad a los oprimidos; para proclamar el año favorable del Señor. Cerrando el libro, lo devolvió al asistente y se sentó; y los ojos de todos en la sinagoga estaban fijos en El. Y comenzó a decirles: Hoy se ha cumplido esta Escritura que habéis oído.*
>
> (Lucas 4:16–21)

Él "proclam[ó] *libertad a los cautivos*" abiertamente, a pesar de las reacciones negativas de las autoridades y de la gente común que estaban nerviosos por sus obras sin precedentes. ¿Quién era este Hombre? Podía liberar a los cautivos más difíciles, como el endemoniado gadareno:

> *Y cuando El salió de la barca, enseguida vino a su encuentro, de entre los sepulcros, un hombre con un espíritu inmundo, que tenía su morada entre los sepulcros; y nadie podía ya atarlo ni aun con cadenas; porque muchas veces había sido atado con grillos y cadenas, pero él había roto las cadenas y*

destrozado los grillos, y nadie era tan fuerte como para dominarlo....Cuando vio a Jesús de lejos, corrió y se postró delante de El; y gritando a gran voz, dijo: ¿Qué tengo yo que ver contigo, Jesús, Hijo del Dios Altísimo? Te imploro por Dios que no me atormentes. Porque Jesús le decía: Sal del hombre, espíritu inmundo. Y le preguntó: ¿Cómo te llamas? Y él le dijo: Me llamo Legión, porque somos muchos....Y la gente vino a ver qué era lo que había sucedido. Y vinieron a Jesús, y vieron al que había estado endemoniado, sentado, vestido y en su cabal juicio, el mismo que había tenido la legión; y tuvieron miedo....Y comenzaron a rogarle que se fuera de su comarca.

(Marcos 5:2–4, 6–9, 14–15, 17)

Jesús siguió adelante, sin preocuparse de la crítica. Él conocía otro salmo profético que hablaba de Él: *"Porque me consumió el celo de tu casa; y los denuestos de los que te vituperaban cayeron sobre mí"* (Salmos 69:69, RVR-1960). En un momento, sus discípulos recordaron este versículo: *"Entonces se acordaron sus discípulos que está escrito: El celo de tu casa me consume"* (Juan 2:17, RVR-1960).

Durante su ministerio, Jesús se apasionaba con todo lo que hacía; eso se debe a que es un *Amante*. Ama a la gente, especialmente a los oprimidos: a los pobres, a los esclavizados, a los cautivos.

Mi querida y difunta esposa, Michal Ann Goll, recibió una revelación del corazón misericordioso del Señor. Ella fundó un ministerio que continúa hasta la fecha tocando a los pobres de la tierra, por los que Jesús murió. Se llama acertadamente Compassion Acts (Acciones compasivas). Que cada uno personifique este carácter de la naturaleza de Cristo en su propia vida de una manera personal. Debemos responder a la profunda pregunta: *"¿Qué haría Jesús?"*.

Jesús ama a la gente, especialmente a los oprimidos: a los pobres, a los esclavizados, a los cautivos.

Montar en un burro

Estamos acostumbrados a oír los relatos del evangelio acerca de Jesús, así como las palabras proféticas que se le aplican, hasta el punto en que dejamos de reconocer lo inusual que son algunas de las palabras proféticas. Este es un ejemplo:

> *¡Alégrate mucho, hija de Sión! ¡Grita de alegría, hija de Jerusalén! Mira, tu rey viene hacia ti, justo, salvador y humilde. Viene montado en un asno, en un pollino, cría de asna.*
>
> (Zacarías 9:9, NVI)

¿Quién profetizaría que un rey (*el* Rey) escogería un medio tan humilde de transporte? ¿Cuánto más específico podría ser Zacarías? Y después, por supuesto, ocurrió exactamente como estaba profetizado:

> *Esto sucedió para que se cumpliera lo dicho por el profeta: "Digan a la hija de Sión: 'Mira, tu rey viene hacia ti, humilde y montado en un burro, en un burrito, cría de una bestia de carga'". Los discípulos fueron e hicieron como les había mandado Jesús. Llevaron la burra y el burrito, y pusieron encima sus mantos, sobre los cuales se sentó Jesús.*
>
> (Mateo 21:4–7, NVI)

Esta escena en la vida de Jesús a menudo se llamó "la entrada triunfal", pero pienso que se debería llamar "la entrada humilde". Los reyes vencedores no entraban en sus ciudades montando sin silla sobre un burro joven. ¿No esperaría usted un rey victorioso y orgulloso desfilando por las puertas de la ciudad a lomos de un caballo, mientras sonaban las trompetas? Pero este Rey vino con el espíritu opuesto, sin arrogancia en absoluto. Por eso algunas personas no pudieron reconocerle. Toda la vida y ministerio de Jesús fue a contracorriente para las pomposas formas del hombre, y lo sigue siendo, y le amamos por ello. Como algo profético, Jesús caminó contra la corriente del mundo y sus caminos. Al ver esto, ¡puedo seguir a Alguien así!

La traición del amigo

Me conmueve grandemente observar la complejidad de las palabras proféticas, y la manera tan completa en que se cumplieron, hasta el más mínimo detalle. Teniendo comunión con Dios en adoración, el salmista escribió: *"Aun el hombre de mi paz, en quien yo confiaba, el que de mi pan comía, alzó contra mí el calcañar"* (Salmos 41:9, RVR-1960). ¿Qué ocurrió diez siglos después? La palabra se cumplió, hasta el último detalle, incluso la parte que hablaba del pan.

Dicho esto, Jesús se angustió profundamente y declaró: —Ciertamente les aseguro que uno de ustedes me va a traicionar. Los discípulos se miraban unos a otros sin saber a cuál de ellos se refería. Uno de ellos, el discípulo a quien Jesús amaba, estaba a su lado. Simón Pedro le hizo señas a ese discípulo y le dijo: —Pregúntale a quién se refiere. —Señor, ¿quién es? —preguntó él, reclinándose sobre Jesús. —Aquel a quien yo le dé este pedazo de pan que voy a mojar en el plato —le contestó Jesús. Acto seguido, mojó el pedazo de pan y se lo dio a Judas Iscariote, hijo de Simón. Tan pronto como Judas tomó el pan, Satanás entró en él. —Lo que vas a hacer, hazlo pronto —le dijo Jesús. Ninguno de los que estaban a la mesa entendió por qué le dijo eso Jesús. (Juan 13:21–28, NVI)

En este momento, Judas ya había negociado con los principales sacerdotes, por un precio concreto de treinta monedas de plata, para entregarles a Jesús. Treinta monedas de plata. No veinticinco. No oro, sino plata. Suena familiar, especialmente cuando comparamos estos dos pasajes:

Y les dije: Si os parece bien, dadme mi salario; y si no, dejadlo. Y pesaron por mi salario treinta piezas de plata. Y me dijo Jehová: Échalo al tesoro; ¡hermoso precio con que me han apreciado! Y tomé las treinta piezas de plata, y las eché en la casa de Jehová al tesoro! (Zacarías 11:12–13, RVR-1960)

Entonces uno de los doce, llamado Judas Iscariote, fue a los principales sacerdotes, y dijo: ¿Qué estáis dispuestos a darme para que yo os lo entregue? Y ellos le pesaron treinta piezas de plata. Y desde entonces buscaba una oportunidad para entregarle. (Mateo 26:14–16)

Además, la palabra *"tesoro"* llama la atención cuando leemos lo que profetizó Zacarías, particularmente si reconocemos su conexión con las treinta piezas de plata y Judas:

Entonces Judas, el que le había entregado, viendo que Jesús había sido condenado, sintió remordimiento y devolvió las treinta piezas de plata a los principales sacerdotes y a los ancianos, diciendo: He pecado entregando sangre inocente. Pero ellos dijeron: A nosotros, ¿qué? ¡Allá tú! Y él, arrojando las piezas de plata en el santuario, se marchó; y fue y se ahorcó. Y los principales sacerdotes tomaron las piezas de plata, y dijeron: No es lícito ponerlas en el tesoro del templo, puesto que es precio de sangre. Y después de celebrar consejo, compraron con ellas el Campo del Alfarero para sepultura de los forasteros. (Mateo 27:3–7)

La coordinación precisa entre las palabras proféticas y las actuales circunstancias en torno a la traición del Mesías es, sencillamente, desconcertante.

Atracciones venideras

Estudiar todos los pasajes proféticos de las Escrituras que hablan del Mesías, y su cumplimiento, puede llevar mucho tiempo, porque hay muchísimos. Se han cumplido muchas palabras proféticas más acerca de Jesús, unas trescientas en total. Exploraremos algunas de ellas en el siguiente capítulo. Hace que confíe incluso con más firmeza en la Palabra de Dios cuando veo lo complejamente construida que está, la forma tan maravillosa en que cada "punto y cada coma" de las profecías que se hablaron sobre el Mesías se cumplieron (o se cumplirán) en Jesús de Nazaret.

Tan solo volver a leer la selección de profecías anterior acerca del Verbo haciéndose carne y habitando entre nosotros me hace reflexionar con asombro y gozo en la magnitud del plan de Dios. Un susurro de gratitud surge desde lo más profundo de mí y crece hasta convertirse en un grito de alabanza por este Dios que se nos da a conocer de formas pequeñas y grandes, cada día de nuestras vidas.

5

Maravilloso Mesías, Hijo de Dios

¿Qué es más difícil de creer, que Jesús es Dios, o que Dios
se hizo hombre? Una cosa es tan difícil como la otra; de
hecho, una es tan imposible de creer como la otra, salvo
por la obra del Espíritu Santo.[9]
—R. T. Kendall

Cuando se trata de aprender acerca de cómo Jesús el Mesías
cumple cada una de los cientos de antiguas profecías sobre
Él, el reto no está en entender las palabras, que son profundamente
claras y específicas. El reto viene a la hora de comprender todo el
material.

En el capítulo anterior, di un puñado de palabras proféticas
que tenían que ver con el nacimiento de Jesús, su ministerio y su
traición a manos de Judas. Ahora proseguiremos para descubrir
unas cuantas más de las cerca de trescientas profecías que encuentran su cumplimiento directo en la vida, muerte y resurrección de
Jesús. Cuanto más descubrimos acerca de Jesús, más conocemos

---

9. R. T. Kendall, *Imitating Christ* (Lake Mary, FL: Charisma House, 2007), 52.

a Dios, y más queremos conocerlo. Al alimentar nuestro apetito, nuestro apetito aumenta. Por lo tanto, detengámonos en la mesa para otra ración de la deliciosa Palabra de Dios.

El sufrimiento del Mesías

Jesús, habiendo sufrido la traición de Judas al entregarlo en manos de sus enemigos, sufrió sin piedad. Además de recibir abusos físicos, recibió abusos verbales tanto de los soldados como de las personas de las multitudes que veían el espectáculo el día de su crucifixión.

David profetizó en el Salmo 22 que el Mesías recibiría un gran escarnio:

Mas yo soy gusano, y no hombre; Oprobio de los hombres, y despreciado del pueblo. Todos los que me ven me escarnecen; Estiran la boca, menean la cabeza, diciendo: Se encomendó a Jehová; líbrele él; Sálvele, puesto que en él se complacía.
(Salmos 22:6–7, RVR-1960)

Hoy, podríamos decir que David tuvo una "descarga" del cielo cuando escribió esas palabras (y las palabras de su salmo que siguen, las cuales citaré durante el capítulo). Claro, la gente que vociferó a Jesús no sabía que se estaba mofando de Dios mismo. Mateo describió esta escena:

Y los que pasaban le injuriaban, meneando la cabeza, y diciendo: Tú que derribas el templo, y en tres días lo reedificas, sálvate a ti mismo; si eres Hijo de Dios, desciende de la cruz. De esta manera también los principales sacerdotes, escarneciéndole con los escribas y los fariseos y los ancianos, decían: A otros salvó, a sí mismo no se puede salvar; si es el Rey de Israel, descienda ahora de la cruz, y creeremos en él.
(Mateo 27:39–42, RVR-1960)

Parecía un fin amargo para una falsa esperanza. Pero Dios tenía un plan, y la crucifixión era su plato fuerte. Él había estado diciendo a los profetas de Israel durante siglos lo que esperar. En el sermón de Pentecostés de Pedro un par de meses después, el apóstol declaró:

> *Pueblo de Israel, escuchen esto: Jesús de Nazaret fue un hombre acreditado por Dios ante ustedes con milagros, señales y prodigios, los cuales realizó Dios entre ustedes por medio de él, como bien lo saben. Éste fue entregado según el determinado propósito y el previo conocimiento de Dios; y por medio de gente malvada, ustedes lo mataron, clavándolo en la cruz.*
>
> (Hechos 2:22–23, NVI)

La muerte de Jesús parecía un fin amargo para una falsa esperanza. Pero Dios tenía un plan, y la crucifixión era su plato fuerte.

¿Sabía que los romanos usaron la crucifixión como un medio de ejecución solo durante unos ciento treinta años? Comenzaron a crucificar a la gente aproximadamente unos sesenta años antes de la muerte de Jesús en la cruz, y suspendieron esta práctica unos setenta años después, tras decidir que era algo inhumano. Esto significa que cada profecía que tiene que ver con el sufrimiento de Jesús en la cruz, y hay muchas, se tenía que cumplir durante esa ventana de tiempo relativamente corta. Las descripciones proféticas de la tortura son mucho más precisas de lo que usted se podría imaginar, cubriendo todo desde el aspecto que Él tendría como resultado del duro maltrato, hasta el hecho de que se repartirían sus vestiduras entre sus verdugos echándolo a suertes.

Revisemos algunas de las correlaciones más destacadas entre las profecías y su cumplimiento.

Profecías de la muerte de Jesús

Atravesado

En lo que se conoce normalmente como Viernes Santo, las iglesias de todo el planeta a menudo citan tres pasajes proféticos sobre la crucifixión, seleccionando estas palabras de Isaías y Zacarías, así como una parte del Salmo 22, escrito por David:

> *Despreciado y desechado entre los hombres, varón de dolores, experimentado en quebranto; y como que escondimos de él el rostro, fue menospreciado, y no lo estimamos.*
>
> (Isaías 53:3, RVR-1960)

> *Y derramaré sobre la casa de David, y sobre los moradores de Jerusalén, espíritu de gracia y de oración; y mirarán a mí, a quien traspasaron, y llorarán como se llora por hijo unigénito, afligiéndose por él como quien se aflige por el primogénito.*
>
> (Zacarías 12:10, RVR-1960)

> *Porque perros me han rodeado; me ha cercado cuadrilla de malhechores; me horadaron las manos y los pies.*
>
> (Salmos 22:16)

Ojalá Isaías, Zacarías y David pudieran haber visto el cumplimiento de sus palabras, cuando el Mesías fue atravesado como ellos habían profetizado que sucedería:

> *Pero uno de los soldados le traspasó el costado con una lanza, y al momento salió sangre y agua.*   (Juan 19:34)

> *Pero Tomás, uno de los doce, llamado Dídimo, no estaba con ellos cuando Jesús vino. Le dijeron, pues, los otros discípulos: Al Señor hemos visto. El les dijo: Si no viere en sus manos la señal de los clavos, y metiere mi dedo en el lugar de los clavos, y*

*metiere mi mano en su costado, no creeré. Ocho días después,
estaban otra vez sus discípulos dentro, y con ellos Tomás. Llegó
Jesús, estando las puertas cerradas, y se puso en medio y les dijo:
Paz a vosotros. Luego dijo a Tomás: Pon aquí tu dedo, y mira
mis manos; y acerca tu mano, y métela en mi costado; y no seas
incrédulo, sino creyente.* (Juan 20:24–27, RVR-1960)

¿Sabía que su nombre está escrito en las huellas de sus manos
atravesadas? Jesús permanece todo el día con sus brazos y manos
extendidas para la gente que Él ama. "Oh, cómo nos ama a ti y a
mí…".[10]

Ninguno de sus huesos fue quebrado

La crucifixión de Jesús, que también es conocido como el
Cordero de Dios, ocurrió durante la fiesta de la Pascua, y reflejaba
la Pascua original del éxodo de Egipto. En ese tiempo, cada familia
israelita había recibido órdenes de eliminar la levadura de sus pa-
nes, y sacrificar también un cordero, aplicando su sangre sobre el
marco de la entrada de sus hogares. Cuando el ángel de la muerte
viera la señal de la sangre sobre sus postes y dinteles, pasaría de
largo de esa casa, y se salvarían de la plaga de la muerte.

Dios mandó a Moisés que le dijera a la gente que no quebra-
ra los huesos de ninguno de los corderos pascuales que debían
sacrificarse.

*Se comerá en una casa, y no llevarás de aquella carne fuera de
ella, ni quebraréis hueso suyo.* (Éxodo 12:46, RVR-1960)

Del mismo modo, cuando el Cordero de Dios fue sacrificado
en la cruz, ninguno de sus huesos fue quebrado.

El guarda todos sus huesos; ni uno de ellos será quebrantado.
(Salmos 34:20, RVR-1960)

---

10. Kurt Kaiser, "Oh, How He Loves You and Me", 1975.

Fueron, pues, los soldados y quebraron las piernas del primero, y también las del otro que había sido crucificado con Jesús; pero cuando llegaron a Jesús, como vieron que ya estaba muerto, no le quebraron las piernas. (Juan 19:32–33)

Limpiaos, pues, de la vieja levadura, para que seáis nueva masa, sin levadura como sois; porque nuestra pascua, que es Cristo, ya fue sacrificada por nosotros.

(1 Corintios 5:7, RVR-1960)

Jesús, el Cordero pascual, fue sacrificado por nuestra salvación, como fue anunciado en la Pascua de Egipto. El Antiguo Testamento nos da muchos destellos de lo que vendrá en el Nuevo Testamento, donde sus profecías se cumplieron literalmente: salvación, limpieza, perdón, vida eterna, sanidad, liberación, y más.

Reparto de sus vestiduras

Se cumplieron tantas de las palabras proféticas acerca del Mesías mediante las acciones de los enemigos de Jesús, que nadie puede argumentar que las personas que conocían las profecías tan solo estaban actuando como era de esperar. Muchos de sus enemigos no conocían lo que habían dicho los profetas, y mucho menos los soldados romanos. Sin embargo, mire las profecías que ellos cumplieron:

Repartieron entre sí mis vestidos, y sobre mi ropa echaron suertes. (Salmos 22:18, RVR-1960)

Cuando le hubieron crucificado, repartieron entre sí sus vestidos, echando suertes, para que se cumpliese lo dicho por el profeta: Partieron entre sí mis vestidos, y sobre mi ropa echaron suertes. (Mateo 27:35, RVR-1960)

En el intercambio divino que ocurrió en la cruz, Jesús llevó nuestra vergüenza al colgar desnudo en un madero ese día en que se desgarró el cielo. Cuanto más le conozco, más quiero aprender.

Maltratado más que cualquier otro hombre

La aclamada película *La pasión de Cristo* nos aporta una representación gráfica del maltrato que sufrió nuestro Mesías. Pero incluso las mejores películas que se hayan producido jamás acerca de la vida de Cristo podrían llegar a tocar la profundidad de lo que Jesús soportó en la cruz.

Isaías describió al Siervo sufriente como siendo levantado (como le sucedió a Jesús en la cruz), después de haber sido golpeado y abusado hasta que su rostro hinchado y lacerado era irreconocible.

He aquí que mi siervo será prosperado, será engrandecido y exaltado, y será puesto muy en alto. Como se asombraron de ti muchos, de tal manera fue desfigurado de los hombres su parecer, y su hermosura más que la de los hijos de los hombres.
(Isaías 52:13–14, RVR-1960)

Di mi cuerpo a los heridores, y mis mejillas a los que me mesaban la barba; no escondí mi rostro de injurias y de esputos.
(Isaías 50:6, RVR-1960)

El profeta Miqueas escribió: "*Con vara herirán en la mejilla al juez de Israel*" (Miqueas 5:1, RVR-1960). En un preciso cumplimiento, los soldados burladores golpearon a Jesús con una vara:

Le quitaron la ropa y le pusieron un manto de color escarlata. Luego trenzaron una corona de espinas y se la colocaron en la cabeza, y en la mano derecha le pusieron una caña. Arrodillándose delante de él, se burlaban diciendo: —¡Salve, rey de los judíos! Y le escupían, y con la caña le golpeaban la cabeza. Después de burlarse de él, le quitaron el manto, le pusieron su propia ropa y se lo llevaron para crucificarlo.
(Mateo 27:28–31, NVI)

Jesús sufrió una brutalidad tan extrema porque era el chivo expiatorio supremo, llevando todos los pecados de los humanos para siempre. (Véase Levítico 16:8–26). E hizo todo esto por amor. Este es el corazón de Dios latiendo para que todo el mundo lo vea.

Jesús exclamó: "¡*Consumado es!*" (Juan 19:30), y entonces expiró. Esta frase declaró que la obra de la cruz fue perfecta y completa. No es necesario añadir nada más, porque el Hijo de Dios, que también era el Hijo del Hombre, lo consiguió todo en un monte donde se asentó una antigua y robusta cruz como un centinela.

Profecías del entierro y resurrección de Jesús

Incluso después de la muerte de Jesús, las palabras de los profetas siguieron cumpliéndose. José de Arimatea, un conocido miembro del concilio religioso que gobernaba, que era un creyente secreto, solicitó el cuerpo de Jesús y, con la ayuda de Nicodemo, lo ungió para darle sepultura en una tumba sin estrenar. (Solo los ricos se podían permitir adquirir tales sepulcros).

> *José de Arimatea, que era discípulo de Jesús, aunque en secreto por miedo a los judíos, pidió permiso a Pilato para llevarse el cuerpo de Jesús. Y Pilato concedió el permiso. Entonces él vino, y se llevó el cuerpo de Jesús. Y Nicodemo, el que antes había venido a Jesús de noche, vino también, trayendo una mezcla de mirra y áloe como de cien libras. Entonces tomaron el cuerpo de Jesús, y lo envolvieron en telas de lino con las especias aromáticas, como es costumbre sepultar entre los judíos. En el lugar donde fue crucificado había un huerto, y en el huerto un sepulcro nuevo, en el cual todavía no habían sepultado a nadie. Por tanto, por causa del día de la preparación de los judíos, como el sepulcro estaba cerca, pusieron allí a Jesús.*
> (Juan 19:38–42)

> *José de Arimatea, miembro distinguido del Consejo, y que*
> *también esperaba el reino de Dios, se atrevió a presentarse*
> *ante Pilato para pedirle el cuerpo de Jesús. Pilato, sorprendido*
> *de que ya hubiera muerto, llamó al centurión y le preguntó*
> *si hacía mucho que había muerto. Una vez informado por*
> *el centurión, le entregó el cuerpo a José. Entonces José bajó el*
> *cuerpo, lo envolvió en una sábana que había comprado, y lo*
> *puso en un sepulcro cavado en la roca. Luego hizo rodar una*
> *piedra a la entrada del sepulcro.*   (Marcos 15:43–46, NVI)

Las acciones de José de Arimatea cumplieron las palabras proféticas de Isaías:

> *Se le asignó un sepulcro con los malvados, y murió entre los*
> *malhechores, aunque nunca cometió violencia alguna, ni hubo*
> *engaño en su boca.*   (Isaías 53:9, NVI)

No abandonado en el Seol

Para los hebreos, el nombre *Seol*, o *Hades*, hacía alusión al destino del alma de una persona después de su muerte, mientras que
su cuerpo terrenal se descomponía en su tumba. El Seol era conocido como el "inframundo", un lugar de no retorno.

David compuso un salmo que demostró ser profético acerca
del cuerpo: que el cuerpo de Jesús no se quedaría en la tumba, ni
su alma se quedaría en el inframundo:

> *Por tanto, mi corazón se alegra y mi alma se regocija; también*
> *mi carne morará segura, pues tú no abandonarás mi alma en el*
> *Seol, ni permitirás a tu Santo ver corrupción.* (Salmo 16:9–10)

Este salmo no era acerca de David, que murió de la forma
usual y cuyo cuerpo permaneció enterrado. Más bien, sus palabras
tenían que ver directamente con "el fruto de su cuerpo", uno de sus
descendientes: Jesucristo. Pedro declaró:

Hermanos, del patriarca David os puedo decir confiadamente que murió y fue sepultado, y su sepulcro está entre nosotros hasta el día de hoy. Pero siendo profeta, y sabiendo que Dios le había jurado sentar a uno de sus descendientes en su trono, miró hacia el futuro y habló de la resurrección de Cristo, que no fue abandonado en el Hades, ni su carne sufrió corrupción. A este Jesús resucitó Dios, de lo cual todos nosotros somos testigos. (Hechos 2:29–32)

Llevó el pecado de muchos

Las profecías y su cumplimiento continúan. Aunque Isaías nunca había conocido a nadie que pudiera borrar la maldad del pecado, profetizó sobre Alguien así:

Yo le daré parte con los grandes, y con los fuertes repartirá despojos; por cuanto derramó su vida hasta la muerte, y fue contado con los pecadores, habiendo él llevado el pecado de muchos, y orado por los transgresores. (Isaías 53:12, RVR-1960)

Poco después de la resurrección de Jesús, sus discípulos comenzaron a entender lo que Él había hecho, que había conseguido el logro más improbable que habían pronosticado las antiguas profecías: la reconciliación de la humanidad con Dios.

Entonces [Jesús, hablando con dos de sus discípulos en el camino de Emaús,] les abrió la mente para que comprendieran las Escrituras, y les dijo: Así está escrito, que el Cristo padeciera y resucitara de entre los muertos al tercer día; y que en su nombre se predicara el arrepentimiento para el perdón de los pecados a todas las naciones, comenzando desde Jerusalén. (Lucas 24:45–47)

[Dios] al que no conoció pecado, le hizo pecado por nosotros, para que fuéramos hechos justicia de Dios en Él. (2 Corintios 5:21)

Porque si por la transgresión de uno murieron los muchos,
mucho más, la gracia de Dios y el don por la gracia de un
hombre, Jesucristo, abundaron para los muchos.

(Romanos 5:15)

En uno de mis viajes de oración a Israel, tuve la delicia de caminar por el antiguo camino de Emaús. No es un lugar turístico popular. No está cuidado, y está lleno de malas hierbas. Pero ese fue el camino en el que el Cristo resucitado se acercó a dos de sus discípulos que, en su desanimada condición, no pudieron conocerle, aunque sus corazones ardían extrañamente mientras Él les abría las Escrituras. (Véase Lucas 24:13–32).

Ese día, mi corazón ardió mientras nuestro pequeño grupo de peregrinos de oración hacía una pausa para leer de Lucas 24, poniéndonos en las sandalias de esos dos desalentados discípulos. Los ojos del corazón (véase Efesios 1:18) de estos discípulos no se quedaron cerrados. ¡Fueron abiertos e iluminados!

¿Y usted? ¿Arde su corazón en su interior por el Mesías, el Hijo de Dios? ¿Necesita que sean abiertos los ojos de su corazón? Entonces haga una pausa en este momento. Admita su necesidad y pida a Jesús que haga por usted lo que hizo por los discípulos en el camino de Emaús.

¿Arde su corazón en su interior por el Mesías,
el Hijo de Dios?

Un nuevo pacto presagiado

Antes de que llegara el Mesías, los judíos vivían estrictamente bajo los pactos que Dios había establecido con Noé, Abraham y Moisés. Esperaban que algún día un Mesías entrara en escena, y que de algún modo su llegada diera comienzo a un nuevo pacto que se desplegaría y pondría fin a todos los anteriores. Pero estoy seguro de que incluso el erudito más dedicado de las Escrituras no podría haber anticipado cómo llegaría ese pacto. Incluso ahora, es casi demasiado para la mente poder entenderlo. A continuación doy una rápida "lección de historia del pacto".

El primer sacrificio de sangre

Después de crear Dios a Adán y Eva, el único mandamiento que les dio fue no comer fruto alguno del árbol del conocimiento del bien y del mal. El castigo por desobedecer sería la muerte. (Véase Génesis 2:16–17). Tristemente, como sabemos, desobedecieron, lo cual es decir que pecaron, y Dios los expulsó de su presencia. Antes de hacerlo, sin embargo, Él cubrió su vergüenza y desnudez haciéndoles unos vestidos con pieles de animales. (Véase Génesis 3:6–24).

Para hacer esos vestidos, Dios tuvo que llevar a cabo la primera muerte animal, lo cual significa que un animal tenía que morir, su sangre tenía que ser derramada, por el pecado humano. Esto fue un prototipo de los sacrificios de sangre por el pecado que Dios instituiría después con su pueblo escogido.

El primer pacto: Noé y el diluvio

Tras la caída de la humanidad, las cosas en la tierra fueron de mal en peor. La maldad caracterizaba a la raza humana, y Dios decidió tomar una medida drástica. Le dijo al justo Noé que construyera un barco gigantesco, en el que pudiera preservar su propio linaje familiar y salvar animales suficientes para volver a poblar el mundo después de un diluvio de proporciones sin precedentes. Noé no solo obedeció, sino que también voluntariamente hizo un sacrificio de agradecimiento cuando todo terminó.

> Y edificó Noé un altar al SEÑOR, y tomó de todo animal limpio y de toda ave limpia, y ofreció holocaustos en el altar. Y

el Señor percibió el aroma agradable, y dijo el Señor para sí: Nunca más volveré a maldecir la tierra por causa del hombre, porque la intención del corazón del hombre es mala desde su juventud; nunca más volveré a destruir todo ser viviente como lo he hecho....[El Señor le dijo a Noé:] Yo establezco mi pacto con vosotros, y nunca más volverá a ser exterminada toda carne por las aguas del diluvio, ni habrá más diluvio para destruir la tierra....Pongo mi arco en las nubes y será por señal del pacto entre yo y la tierra. Y acontecerá que cuando haga venir nubes sobre la tierra, se verá el arco en las nubes, y me acordaré de mi pacto que hay entre yo y vosotros y entre todo ser viviente de toda carne; y nunca más se convertirán las aguas en diluvio para destruir toda carne.

(Génesis 8:20–21; 9:11, 13–15)

Las Escrituras dicen que Dios olió el relajante aroma de la carne animal quemada. Después de "olerla", "exhaló" un pacto de bendición y protección, el cual ha honrado hasta la fecha. (Un pacto es una promesa soberana de bendición que alcanza su máxima expresión cuando está basado en un sacrificio de sangre).

El segundo pacto: la promesa abrahámica

La promesa de Dios a Noé se convirtió en parte de las enseñanzas del pueblo que siguió y desarrolló la adoración del único Dios verdadero. Finalmente, un hombre llamado Abram apareció, y Dios le escogió para que se convirtiera en el padre de innumerables descendientes, todos los cuales podrían beneficiarse de un pacto nuevo que Dios decretó a Abram (a quien después puso por nombre Abraham):

Bendeciré a los que te bendigan, y al que te maldiga, maldeciré. Y en ti serán benditas todas las familias de la tierra.

(Génesis 12:3)

Y estableceré mi pacto entre mí y ti, y tu descendencia después de ti en sus generaciones, por pacto perpetuo, para ser tu Dios, y el de tu descendencia después de ti. Y te daré a ti, y a tu descendencia después de ti, la tierra en que moras, toda la tierra de Canaán en heredad perpetua; y seré el Dios de ellos. Dijo de nuevo Dios a Abraham: En cuanto a ti, guardarás mi pacto, tú y tu descendencia después de ti por sus generaciones. Este es mi pacto, que guardaréis entre mí y vosotros y tu descendencia después de ti: Será circuncidado todo varón de entre vosotros. (Génesis 17:7–10, RVR-1960)

El tercer pacto: el pacto del Sinaí

Estos pactos anteriores se hicieron para llegar a un tercer pacto, alcanzado por Moisés en el monte Horeb (Sinaí), sellado y reconfirmado durante generaciones postreras mediante sacrificios de sangre animal en el templo.

El SEÑOR nuestro Dios hizo un pacto con nosotros en Horeb. No hizo el SEÑOR este pacto con nuestros padres, sino con nosotros, con todos aquellos de nosotros que estamos vivos aquí hoy. (Deuteronomio 5:2–3)

Y envió [Moisés] jóvenes de los hijos de Israel, los cuales ofrecieron holocaustos y becerros como sacrificios de paz a Jehová. Y Moisés tomó la mitad de la sangre, y la puso en tazones, y esparció la otra mitad de la sangre sobre el altar. Y tomó el libro del pacto y lo leyó a oídos del pueblo, el cual dijo: Haremos todas las cosas que Jehová ha dicho, y obedeceremos. Entonces Moisés tomó la sangre y roció sobre el pueblo, y dijo: He aquí la sangre del pacto que Jehová ha hecho con vosotros sobre todas estas cosas. (Éxodo 24:5–8, RVR-1960)

A mi entender, las palabras del pueblo son una buena declaración de fe para nosotros hoy. Podríamos repetirlas a menudo: *"Haremos todas las cosas que Jehová ha dicho, y obedeceremos"*.

El Mesías cumple el nuevo pacto

Mucho antes de que Jesús viniera, los profetas estaban dando las noticias de un "nuevo pacto" que sería mejor que todos los anteriores. Este nuevo pacto no desbancaría a los anteriores sino que más bien los cumpliría, convirtiendo lo que sirvió como solo una cobertura temporal y repetitiva para el pecado en algo que lo quitaría permanentemente. Jeremías narró la palabra del Señor referente a este nuevo pacto:

> *He aquí que vienen días, dice Jehová, en los cuales haré nuevo pacto con la casa de Israel y con la casa de Judá. No como el pacto que hice con sus padres el día que tomé su mano para sacarlos de la tierra de Egipto; porque ellos invalidaron mi pacto, aunque fui yo un marido para ellos, dice Jehová. Pero este es el pacto que haré con la casa de Israel después de aquellos días, dice Jehová: Daré mi ley en su mente, y la escribiré en su corazón; y yo seré a ellos por Dios, y ellos me serán por pueblo. Y no enseñará más ninguno a su prójimo, ni ninguno a su hermano, diciendo: Conoce a Jehová; porque todos me conocerán, desde el más pequeño de ellos hasta el más grande, dice Jehová; porque perdonaré la maldad de ellos, y no me acordaré más de su pecado. (Jeremías 31:31–34, RVR-1960)*

Una de las palabras hebreas traducidas como *"nuevo"* (usada en *"nuevo pacto"* arriba) es *chadash*, que significa "algo nuevo, fresco". Esta palabra también se encuentra en otros versículos del Antiguo Testamento, como los siguientes:

> *He aquí, las cosas anteriores se han cumplido, y yo anuncio cosas nuevas; antes que sucedan, os las anuncio.* (Isaías 42:9)

Yo les daré un solo corazón y pondré un espíritu nuevo dentro de ellos. Y quitaré de su carne el corazón de piedra y les daré un corazón de carne, para que anden en mis estatutos, guarden mis ordenanzas y los cumplan. Entonces serán mi pueblo y yo seré su Dios.　　　　　　　　(Ezequiel 11:19–20)

Entonces os rociaré con agua limpia y quedaréis limpios; de todas vuestras inmundicias y de todos vuestros ídolos os limpiaré. Además, os daré un corazón nuevo y pondré un espíritu nuevo dentro de vosotros; quitaré de vuestra carne el corazón de piedra y os daré un corazón de carne. Pondré dentro de vosotros mi espíritu y haré que andéis en mis estatutos, y que cumpláis cuidadosamente mis ordenanzas.

(Ezequiel 36:25–27)

Jesucristo hizo reales todas estas promesas estableciendo un nuevo pacto, usando su propia sangre en vez de la sangre de un cordero u otro animal. Este nuevo pacto es como el "trasplante de corazón" del que habla Ezequiel. La parte más nueva de nuestra Biblia se conoce como el Nuevo Testamento, o nuevo pacto, porque todo se centra en lo que Jesús hizo. Los escritores del Nuevo Testamento fueron muy claros respecto a esto.

Dios estaba en Cristo reconciliando al mundo consigo mismo, no tomando en cuenta a los hombres sus transgresiones, y nos ha encomendado a nosotros la palabra de la reconciliación.… Al que no conoció pecado, le hizo pecado por nosotros, para que fuéramos hechos justicia de Dios en El.

(2 Corintios 5:19, 21)

[Cristo] es la cabeza del cuerpo que es la iglesia, él que es el principio, el primogénito de entre los muertos, para que en todo tenga la preeminencia; por cuanto agradó al Padre que en él habitase toda plenitud, y por medio de él reconciliar

consigo todas las cosas, así las que están en la tierra como las que están en los cielos, haciendo la paz mediante la sangre de su cruz. Y a vosotros también, que erais en otro tiempo extraños y enemigos en vuestra mente, haciendo malas obras, ahora os ha reconciliado en su cuerpo de carne, por medio de la muerte, para presentaros santos y sin mancha e irreprensibles delante de él. (Colosenses 1:18–22, RVR-1960)

Y el Dios de paz que resucitó de los muertos a nuestro Señor Jesucristo, el gran pastor de las ovejas, por la sangre del pacto eterno, os haga aptos en toda obra buena para que hagáis su voluntad, haciendo él en vosotros lo que es agradable delante de él por Jesucristo; al cual sea la gloria por los siglos de los siglos. Amén. (Hebreos 13:20–21)

"¿Qué puede limpiar mi pecado? Solo de Jesús la sangre".[11] La preciosa sangre del Cordero de Dios fue derramada por toda la humanidad, una vez y para siempre.

Jesucristo, Rey Mesías

El Rey Mesías es el Hijo de David

¡Por fin! Ahora los discípulos y otros sabían que el Siervo sufriente de la profecía era el mismo que el Mesías y Rey de la profecía, y que Jesucristo había logrado verdaderamente lo que los profetas solo pudieron insinuar. Ellos siempre habían sabido que el Mesías tenía algo que ver con el rey David, pero en los años intermedios, el linaje de David se había extendido y dispersado. ¿Quién hubiera esperado que el Mesías entrara en escena con tan poca algarabía?

No quebrantaré mi pacto, ni cambiaré la palabra de mis labios. Una vez he jurado por mi santidad; no mentiré a David.

---

11. Robert Lowry, "Nothing but the Blood" (título alternativo "What Can Wash Away My Sin?"), 1876.

Su descendencia será para siempre, y su trono como el sol delante de mí. (Salmos 89:34–36)

Cuando tus días se cumplan y reposes con tus padres, levantaré a tu descendiente después de ti, el cual saldrá de tus entrañas, y estableceré su reino. El edificará casa a mi nombre, y yo estableceré el trono de su reino para siempre. Yo seré padre para él y él será hijo para mí….Tu casa y tu reino permanecerán para siempre delante de mí; tu trono será establecido para siempre. (2 Samuel 7:12–14, 16)

Entonces Isaías dijo: Oíd ahora, casa de David: ¿Os parece poco cansar a los hombres, que también cansaréis a mi Dios? Por tanto, el Señor mismo os dará una señal: He aquí, una virgen concebirá y dará a luz un hijo, y le pondrá por nombre Emmanuel. (Isaías 7:13–14)

Al oír [Bartimeo] que el que venía era Jesús de Nazaret, se puso a gritar: —¡Jesús, Hijo de David, ten compasión de mí! Muchos lo reprendían para que se callara, pero él se puso a gritar aún más: —¡Hijo de David, ten compasión de mí! (Marcos 10:47–48, NVI)

En caso de que se haya preguntado alguna vez por qué Mateo comenzó su evangelio con esa genealogía tan larga, fue para demostrar que Jesucristo Hombre en verdad era descendiente del rey David. (Véase Mateo 1, especialmente los versículos 1 y 6). ¿Acaso la Biblia no es impresionante? No sobra ni una sola línea.

El Rey Mesías no es un mero hombre

¿Por qué gritó el ciego Bartimeo "Hijo de David" en lugar de "Hijo de Dios" o "Hijo de Hombre"? Es porque tanto él como gran parte del resto de la población de Israel tenían las profecías grabadas en su conciencia. El pueblo de Israel estaba anticipando el cumplimiento de la Palabra, hasta el último detalle. Sabían que el Mesías sería un descendiente del rey David. Lo que no sabían era que sería algo más que un simple mortal, sería totalmente Dios y totalmente Hombre. El hecho de que fuera Dios había sido profetizado pero no se había entendido del todo:

> *Estuve mirando hasta que fueron puestos tronos, y se sentó un Anciano de días, cuyo vestido era blanco como la nieve, y el pelo de su cabeza como lana limpia; su trono llama de fuego, y las ruedas del mismo, fuego ardiente. Un río de fuego procedía y salía de delante de él; millares de millares le servían, y millones de millones asistían delante de él; el Juez se sentó, y los libros fueron abiertos…. Miraba yo en la visión de la noche, y he aquí con las nubes del cielo venía uno como un hijo de hombre, que vino hasta el Anciano de días, y le hicieron acercarse delante de él. Y le fue dado dominio, gloria y reino, para que todos los pueblos, naciones y lenguas le sirvieran; su dominio es dominio eterno, que nunca pasará, y su reino uno que no será destruido.* (Daniel 7:9–10, 13–14, RVR-1960)

> *Pero yo he puesto mi rey sobre Sion, mi santo monte. Yo publicaré el decreto; Jehová me ha dicho: Mi hijo eres tú; yo te engendré hoy. Pídeme, y te daré por herencia las naciones, y como posesión tuya los confines de la tierra. Los quebrantarás con vara de hierro; como vasija de alfarero los desmenuzarás. Ahora, pues, oh reyes, sed prudentes; admitid amonestación, jueces de la tierra.* (Salmos 2:6–10, RVR-1960)

Lo que vio Daniel en su visión fue algo sin precedentes: el Mesías sufriente y el Rey serían el mismo. Su primera venida llevaría a su segunda venida, en cuyo tiempo se le entregaría un dominio eterno que nunca desaparecería. Todos los pueblos, naciones y lenguas servirían al Hijo de Dios, Jesucristo.

> **Lo que vio Daniel en su visión fue algo sin precedentes: el Mesías sufriente y el Rey serían el mismo.**

Y cuando Jesús Hombre estuvo ante el sumo sacerdote Caifás, en el juicio por su vida, no pudo ser más claro acerca de su identidad igualmente importante que la del Hijo de Dios:

> *Y el sumo sacerdote le dijo: Te conjuro por el Dios viviente que nos digas si tú eres el Cristo, el Hijo de Dios. Jesús le dijo: Tú mismo lo has dicho; sin embargo, os digo que desde ahora veréis al Hijo del Hombre sentado a la diestra del Poder, y viniendo sobre las nubes del cielo. Entonces el sumo sacerdote rasgó sus vestiduras, diciendo: ¡Ha blasfemado! ¿Qué necesidad tenemos de más testigos? He aquí, ahora mismo habéis oído la blasfemia; ¿qué os parece? Ellos respondieron y dijeron: ¡Es reo de muerte!* (Mateo 26:63–66)

Le enviaron a ser crucificado, creyendo que matándole eliminarían a un falso mesías blasfemo. Estaban penosamente equivocados. Jesús, el verdadero Mesías, no solo resucitó de la muerte y estableció su reino en los corazones de la gente en todo lugar, sino que de hecho volverá de nuevo con total autoridad como Rey conquistador. Él es el Rey Mesías, descrito por Juan en Apocalipsis del siguiente modo:

> *Y vi el cielo abierto, y he aquí, un caballo blanco; el que lo montaba se llama Fiel y Verdadero, y con justicia juzga y hace la guerra. Sus ojos son una llama de fuego, y sobre su cabeza hay muchas diademas, y tiene un nombre escrito que nadie conoce sino El. Y está vestido de un manto empapado en sangre, y su nombre es: El Verbo de Dios. Y los ejércitos que están en los cielos, vestidos de lino fino, blanco y limpio, le seguían sobre caballos blancos. De su boca sale una espada afilada para herir*

con ella a las naciones, y las regirá con vara de hierro; y El pisa
el lagar del vino del furor de la ira de Dios Todopoderoso. Y
en su manto y en su muslo tiene un nombre escrito: REY DE
REYES Y SEÑOR DE SEÑORES.   (Apocalipsis 19:11–16)

Cuando venga en ese momento, Aquel que ya cumplió tantas
profecías en su primera venida cumplirá el resto de las palabras escritas en las Escrituras respecto a Él que están esperando su cumplimiento. Por eso decimos, con toda la iglesia, en todo tiempo y
lugar, *"Amén; sí, ven, Señor Jesús"* (Apocalipsis 22:20, RVR-1960).

Jesucristo, Mesías, Hijo de Dios e Hijo de Hombre, Rey de
todos los reyes y Señor de todos los señores, ¡ven pronto! Para la
gloria de Dios Padre, amén.

6

La Persona del Espíritu Santo

Mediante mi estudio del Nuevo Testamento en griego,
he llegado a la conclusión de que la presencia o ausencia
de *el* junto al Espíritu Santo marca una distinción
importante. Cuando Espíritu Santo no está precedido
por *el*, denota algo no personal: vida, o un poder, una
fuerza, una presencia, una influencia. Cuando *Espíritu
Santo* está precedido por *el*, por el contrario, se le
representa como una Persona.[12]
—Derek Prince

Cuando iba conduciendo mi automóvil cierto día, comencé a
pensar en el Espíritu Santo. Me preguntaba por qué, a pesar
de ser la tercera Persona de la Trinidad y ser tan Dios como el Padre y el Hijo, recibía mucha menos atención que ellos. El Credo de
los apóstoles apenas le menciona. Su nombre siempre aparece el último: Padre, Hijo y Espíritu Santo. Incluso los creyentes que se llaman "llenos el Espíritu" parecen verle como el miembro más difícil
de la Trinidad del que hablar. Para muchos, parece misterioso y

12. Derek Prince, *Transformed for Life* (Grand Rapids, MI: Chosen Books, 2002), 63.

esquivo, como un fantasma. Y a la vez, el Espíritu Santo demuestra ser indispensable para nuestra conversión personal, nuestro crecimiento en Cristo, y la continua edificación del glorioso reino de Dios en la tierra. Así, ¿por qué somos tan imprecisos respecto a Él?

La idea que se me ocurrió no es una verdad teológica profunda. Pero esto es lo que pensé: ¡El Espíritu Santo siempre está en continuo movimiento! Por lo tanto, cuando intentamos "acorralarlo" no podemos, porque ya se ha movido a otro lugar. La primera mención del Espíritu de Dios aparece en el primer capítulo de la Biblia. ¿Y qué está haciendo? Se está moviendo:

> *En el principio creó Dios los cielos y la tierra. Y la tierra estaba sin orden y vacía, y las tinieblas cubrían la superficie del abismo, y el Espíritu de Dios se movía sobre la superficie de las aguas.* (Génesis 1:1–2)

Otra razón por la que se pasa por alto al Espíritu es simplemente porque no atrae la atención a sí mismo. Su tarea es exaltar al Señor Jesucristo y enseñar a sus seguidores a hacer lo mismo. (Véase Juan 16:14).

Yo no quiero pasarle por alto o "relegarle" a la periferia. Con su ayuda, quiero decirle cómo es Él. Si aún no conoce al Espíritu Santo, puede considerar este capítulo como su introducción a su Guía y Consolador personal.

El "poder ejecutivo" tras el telón

Como dije arriba, el Espíritu Santo siempre se está moviendo. Siempre está activo, incluso cuando la única evidencia de su presencia es algo como una brisa, un *"silbido"*. Como Jesús le dijo a Nicodemo: *"El viento sopla donde quiere, y oyes su sonido, pero no sabes de dónde viene ni adónde va; así es todo aquel que es nacido del Espíritu"* (Juan 3:8). Usted no puede ver el viento, pero puede sentir el viento, oír el viento y observar los efectos del viento, y canalizar el viento para un propósito de utilidad. Ocurre algo similar con el Espíritu Santo. ¡Él nos hace ser creyentes "guiados por el viento"!

Andrew Murray, un pastor-maestro sudafricano que escribió más de doscientos libros sobre la vida cristiana, muchos de los cuales han estado en impresión durante más de cien años, definió al Espíritu Santo de esta forma:

> El Padre es el ser eterno, Yo Soy, el fundamento oculto de todas las cosas y fuente de toda vida. El Hijo es la forma externa, la imagen expresa, la revelación de Dios. El Espíritu es el poder ejecutivo de la Deidad, creando efecto o resultado. La naturaleza de la unidad escondida se revela y se da a conocer en el Hijo, y eso nos es impartido y lo experimentamos mediante el agente del Espíritu.[13]

El Espíritu Santo está siempre ejecutando y revelando cosas; esa es su naturaleza. Por eso Jesús dijo:

> *Pero cuando Él, el Espíritu de verdad, venga, os guiará a toda la verdad, porque no hablará por su propia cuenta, sino que hablará todo lo que oiga, y os hará saber lo que habrá de venir. Él me glorificará, porque tomará de lo mío y os lo hará saber. Todo lo que tiene el Padre es mío; por eso dije que Él toma de lo mío y os lo hará saber.*   (Juan 16:13–15)

Esta es la razón por la que Jesús animó a sus discípulos y otros seguidores a esperar la llegada del Espíritu, diciendo: *"Pero recibiréis poder cuando el Espíritu Santo venga sobre vosotros; y me seréis testigos en Jerusalén, en toda Judea y Samaria, y hasta los confines de la tierra"* (Hechos 1:8). Ellos nunca llegaron muy lejos sin el Espíritu Santo, y nosotros tampoco lo haremos. Yo, en primer

---

13. Andrew Murray, *The Blood of Christ* (Bloomington, MN: Bethany House, 2001), 234.

lugar, no me imagino vivir la vida cristiana sin el poder capacitador del Espíritu Santo, depender de cada uno de sus movimientos, de su susurro y aliento.

El Espíritu siempre está moviéndose, pero no porque sea incansable. Siempre está trabajando porque tiene mucho que hacer. Siempre se mueve sobre la superficie de la tierra para suplir las necesidades de este planeta que gime. Siempre está llevando a personas a Jesús y enseñándoles a glorificar a Jesús, quien a su vez glorifica al Padre.

Dondequiera que el Espíritu Santo aterrice, y donde la gente colabore con Él, las cosas cambian. Enseguida, incluso la atmósfera del lugar es distinta, porque la presencia de Dios mora ahí. Usted puede saber cuándo es este el caso. La gente comienza a amar a Jesús, gracias por completo a la actividad tras el telón del Espíritu Santo. Ellos aman a Jesús, y aman la Biblia, más que nunca.

Es muy refrescante cuando los creyentes dejan espacio para experiencias transformadoras que ocurren en un entorno lleno del Espíritu. Cuando los miembros de una iglesia desean el mover de la Paloma de Dios más de lo que aman sus propios programas y agendas, experimentan un mayor gozo, un mayor poder, y una mayor esperanza. Obtienen dirección divina y la gracia para seguir a Dios.

¡Me encanta el Espíritu Santo! Quiero honrarle como Dios, entregarme a Él, y aprender a cooperar con Él en cada uno de sus movimientos.

Es muy refrescante cuando los creyentes dejan espacio para experiencias transformadoras que ocurren en un entorno lleno del Espíritu.

El Espíritu Santo es una Persona

Algunas personas dicen que el Espíritu es una "influencia", pero no avanzan lo suficiente. Él es una Persona, Alguien con una mente, una voluntad y emociones, igual que el Padre y el Hijo. Lo siguiente es una definición fundamental de la tercera Persona de la Trinidad:

> El Espíritu Santo es la tercera persona divina de la Deidad eterna, coigual, coeterno y coexistente con el Padre y el Hijo. Su ministerio es convencer y convertir al hombre, así como revelar al Hijo y al Padre al creyente. Desde la glorificación del Señor Jesucristo, el Espíritu Santo en todas sus gloriosas operaciones está obrando a través de todo aquel que cree en el Padre a través del Hijo.[14]

El Espíritu Santo lleva a las personas al nuevo nacimiento en Cristo y mora dentro de ellos, proveyendo todo tipo de ayuda a medida que ellos aprenden a navegar por su nueva vida. Antes de su ascensión al cielo, Jesús explicó a sus discípulos que, aunque Él mismo ya no estaría caminando y hablando con sus seguidores, enviaría a su Espíritu Santo para continuar desde donde Él lo había dejado. (Véase Juan 16:5–16). Les costaba creer que algo pudiera mejorar tras la presencia resucitada del Maestro. Sin embargo, Jesús dijo: *"Os conviene que yo me vaya; porque si no me voy, el Consolador no vendrá a vosotros; pero si me voy, os lo enviaré"* (Juan 16:7). Jesús envió su Espíritu (véase Hechos 2), y su Espíritu sigue con nosotros hasta este día.

El papel del Espíritu Santo

¿Cómo podríamos beneficiarnos de tener al Espíritu en lugar de Jesús mismo? ¿Qué cosas esperaríamos que hiciera? Seguro que

---

14. Kevin J. Conner, *The Foundations of Christian Doctrine* (Portland, OR: City Bible Publishing, 1980), 71.

me dejaré algo fuera, pero aquí están los hechos principales acerca del Espíritu Santo y su papel que podemos encontrar en los relatos bíblicos de sus idas y venidas:

1. Él nos guiará. Jesús prometió:

> *Pero cuando venga el Espíritu de verdad, él os guiará a toda la verdad; porque no hablará por su propia cuenta, sino que hablará todo lo que oyere, y os hará saber las cosas que habrán de venir. El me glorificará; porque tomará de lo mío, y os lo hará saber.* (Juan 16:13–14, rvr-1960)

2. Él nos hablará, así como habló a Felipe: "*Y el Espíritu dijo a Felipe: Ve y júntate a ese carruaje*" (Hechos 8:29). A menudo, sus palabras son pocas, pero siempre dice exactamente lo más necesario.

3. Puede batallar y contender con la impiedad. En los días de Noé, a medida que la maldad aumentó en la faz de la tierra: "*Y dijo Jehová: No contenderá mi espíritu con el hombre para siempre, porque ciertamente él es carne*" (Génesis 6:3, rvr-1960).

4. Se le puede mentir. ¡Aunque no es una buena idea hacerlo! Una pareja casada en la iglesia primitiva lo descubrió por las malas. "*—Ananías —le reclamó Pedro—, ¿cómo es posible que Satanás haya llenado tu corazón para que le mintieras al Espíritu Santo y te quedaras con parte del dinero que recibiste por el terreno?*" (Hechos 5:3, nvi).

5. Se le puede entristecer. Sabemos que ocurrió esto, porque Pablo advirtió a la gente de Éfeso que no le entristeciera: "*Y no entristezcáis al Espíritu Santo de Dios, por el cual fuisteis sellados para el día de la redención*" (Efesios 4:30). Una de las principales maneras en que Él se entristece es mediante nuestra dañina manera de hablar.

6. Se puede pecar contra Él. De nuevo, esta acción puede tener serias repercusiones: "*Les aseguro que todos los pecados y*

blasfemias se les perdonarán a todos por igual, excepto a quien blasfe-
me contra el Espíritu Santo. Éste no tendrá perdón jamás; es culpable
de un pecado eterno" (Marcos 3:28–29, NVI). Esta no es una enseñanza muy popular hoy día, pero estas son las palabras de nuestro
Maestro Jesús.

**7. Él escudriña todas las cosas, y nos revela las cosas de
Dios.**

> *Pero Dios nos las reveló [las cosas que Dios ha preparado
> para los que le aman] a nosotros por el Espíritu; porque el
> Espíritu todo lo escudriña, aun lo profundo de Dios. Porque
> ¿quién de los hombres sabe las cosas del hombre, sino el espí-
> ritu del hombre que está en él? Así tampoco nadie conoció las
> cosas de Dios, sino el Espíritu de Dios.*
>
> (1 Corintios 2:10–11, RVR-1960)

8. Intercede por nosotros. *"Y de igual manera el Espíritu nos
ayuda en nuestra debilidad; pues qué hemos de pedir como conviene, no lo sabemos, pero el Espíritu mismo intercede por nosotros con
gemidos indecibles"* (Romanos 8:26, RVR-1960). Yo ciertamente
me identifico con este aspecto del ministerio del Espíritu Santo.
A menudo, me he visto acorralado, sin saber qué hacer o incluso
cómo orar. Sin el Espíritu Santo, no puedo expresar a Dios lo que
otros y yo realmente necesitamos. Por lo tanto, me acerco a Él y
pido su ayuda en esta cosa que llamamos oración. Él siempre me
demuestra que es mi Ayudador.

9. Reparte dones. *"Ahora bien, hay diversidad de dones, pero el
Espíritu es el mismo....Pero todas estas cosas las hace uno y el mismo
Espíritu, distribuyendo individualmente a cada uno según la voluntad
de Él"* (1 Corintios 12:4, 11). En este mismo capítulo, algunos de
los dones del Espíritu se enumeran en detalle. (Véase 1 Corintios
12:8–10, 28).

Me encanta hacer regalos. ¡Pregunte a mis hijos! Es uno de mis mayores gozos. Quizá estoy emulando, en parte, esta cualidad del Espíritu Santo, a quien le encanta dar buenos regalos a los hijos del Padre: regalos que sanan, regalos que animan, regalos que capacitan.

10. Se le menciona como Consejero, Consolador, Ayudador, Abogado, y más. Jesús dijo:

> Pero el Consolador, el Espíritu Santo, a quien el Padre enviará en mi nombre, les enseñará todas las cosas y les hará recordar todo lo que les he dicho. (Juan 14:26, NVI)

> A ustedes yo les enviaré al Abogado Defensor, el Espíritu de verdad. Él vendrá del Padre y dará testimonio acerca de mí. (Juan 15:26, NTV)

Lo mejor de tener al Espíritu Santo como Consejero, Consolador y Ayudador es que Él *escucha*. No interrumpe. Él escucha nuestro corazón, y responde a nuestras invitaciones con la palabra o acción perfecta. Cuando enseño mis clases de Encuentros de Dios, a menudo hago un sondeo en el que pregunto a mis alumnos qué hace el Espíritu Santo. Siempre obtengo respuestas estupendas, pero esto es lo que casi todos suelen pasar por alto: ¡el hecho de que el Espíritu Santo escucha! Además de escucharnos, Él escucha del cielo. Él nunca habla por iniciativa propia, sino que habla solo lo que oye decir al Padre y al Hijo.

Cuando estamos en la presencia del Espíritu, podemos escuchar lo que está diciendo, el mismo corazón de Dios. Se trata de una relación, y no de un conjunto de reglas o rutinas. Es una relación personal viva de los pies a la cabeza.

La Deidad del Espíritu Santo

A veces, nos cuesta recordar que el Espíritu Santo es Dios, aunque no se debe al hecho de que le veamos más como humano que como Dios (como podríamos pensar de Jesús), o como alguien tan remoto e intimidador que no nos podemos relacionar con Él (como podríamos pensar del Padre). Pero podemos tener la tendencia a menospreciar su deidad, al verle como algo "distinto" a Dios, como que no es lo mismo que Dios.

Para nosotros es fácil echar un vistazo por encima de las afirmaciones directas de la Escritura que dicen que el Espíritu Santo es Dios, sin darnos cuenta de lo que estamos leyendo. Por ejemplo, en la historia de Ananías y Safira, por lo general ponemos más atención a los impactantes eventos que sucedieron que a esta frase de Pedro, la cual vimos previamente:

Ananías, ¿por qué llenó Satanás tu corazón para que mintieses al Espíritu Santo…?...¿Por qué pusiste esto en tu corazón? No has mentido a los hombres, sino a Dios.
(Hechos 5:3–4, RVR-1960)

Recuerde: el Espíritu Santo cree que Él es el Señor Dios, y lo es:

Ahora bien, el Señor es el Espíritu; y donde está el Espíritu del Señor, hay libertad. Pero nosotros todos, con el rostro descubierto, contemplando como en un espejo la gloria del Señor, estamos siendo transformados en la misma imagen de gloria en gloria, como por el Señor, el Espíritu.
(2 Corintios 3:17–18)

El siguiente versículo iguala claramente al Espíritu Santo con Dios al referirse a Él como *"el Espíritu de Dios"*: *"¿No sabéis que sois templo de Dios y que el Espíritu de Dios habita en vosotros?"* (1 Corintios 3:16).

Por supuesto, deberíamos saber que el Espíritu Santo es Dios, porque sabemos que es eterno y omnipresente. (Véase Hebreos 9:14; Salmos 139:7). Además, los títulos clave de "Dios" se le aplican a Él, como Espíritu de vida y Espíritu de verdad. (Véase, por ejemplo, Romanos 8:2; Juan 16:13). Como mencioné antes, se le considera un participante activo divino en la Creación. (Véase Génesis 1:2). El Espíritu actúa como Dios. También es quien hace que se produzca nuestro renacimiento y regeneración. (Véase, por ejemplo, Tito 3:5). De nuevo, cuando Jesús le explicó a Nicodemo la necesidad de nacer de nuevo, terminó diciendo: *"El viento sopla por donde quiere, y lo oyes silbar, aunque ignoras de dónde viene y a dónde va. Lo mismo pasa con todo el que nace del Espíritu"* (Juan 3:8, NVI). Y tras su crucifixión, Jesús resucitó de los muertos *"mediante"* o *"por medio de"* o *"por"* el Espíritu. (Véase Romanos 8:11, NVI, NTV, RVR-1960).

Para resumir la deidad del Espíritu Santo, el maestro de la Biblia James Montgomery Boice escribió:

> La personalidad y deidad del Espíritu Santo son enseñanzas prácticas, porque es mediante la actividad de este ser divino que el evangelio de salvación en Jesucristo nos es hecho claro y cambia nuestra vida. Él es la clave para una religión vital y verdaderamente personal.[15]

Títulos clave de "Dios" se le aplican al Espíritu Santo, como Espíritu de vida y Espíritu de verdad.

Cinco grandes actos redentores

El Espíritu Santo no estaba menos presente que el Padre y el Hijo en cualquiera de los cinco grandes momentos en la historia de la redención de Dios de la humanidad. Repasemos las participaciones del Espíritu en estos importantes eventos.

---

15. James Montgomery Boice, *Foundations of the Christian Faith* (Downers Grove, IL: IVP Academic, 1986), 379.

1. La encarnación de Jesús

Mediante la intervención del Espíritu Santo, Dios Padre encarnó a Jesús el Hijo en el vientre de la virgen María:

Respondiendo el ángel, le dijo [a María]: *El Espíritu Santo vendrá sobre ti, y el poder del Altísimo te cubrirá con su sombra; por eso el santo Niño que nacerá será llamado Hijo de Dios.*   (Lucas 1:35; véase también Mateo 1:20)

2. El ministerio terrenal de Jesús

Dios Padre ungió a Jesús Hijo con el poder del Espíritu Santo. El resultado: sanidad y liberación para la humanidad. *"Vosotros sabéis cómo Dios ungió a Jesús de Nazaret con el Espíritu Santo y con poder, el cual anduvo haciendo bien y sanando a todos los oprimidos por el diablo; porque Dios estaba con Él"* (Hechos 10:38).

Recuerde cómo se reveló esta unción. Jesús, el Hijo de Dios, se sometió al bautismo bajo las manos de un joven llamado Juan el Bautista, que era su primo, no mucho mayor que Él en ese tiempo pero no divino. Después de que Jesús hubiera ascendido del agua, el Espíritu Santo descendió como una paloma para descansar sobre Él. (Véase Mateo 3:16; Marcos 1:10; Lucas 3:22). Entonces, el Padre habló audiblemente: *"Y he aquí, se oyó una voz de los cielos que decía: Este es mi Hijo amado en quien me he complacido"* (Mateo 3:17; véase también Marcos 1:11; Lucas 3:22). En estos breves minutos, vemos a las tres Personas de la Trinidad: Padre, Espíritu Santo, y por supuesto el Hijo.

3. La expiación de Jesús

Cuando Jesús ofreció su vida, sacó el pecado humano de la ecuación para que pudiéramos recibir salvación. Se ofreció a sí mismo a Dios Padre mediante el Espíritu Santo, y su sacrificio fue eficaz, porque se llevó a cabo en el Espíritu.

> *Y no por sangre de machos cabríos ni de becerros, sino por su propia sangre, entró una vez para siempre en el Lugar Santísimo, habiendo obtenido eterna redención….¿Cuánto más la sangre de Cristo, el cual mediante el Espíritu eterno se ofreció a sí mismo sin mancha a Dios, limpiará vuestras conciencias de obras muertas para que sirváis al Dios vivo?*
> (Hebreos 9:12, 14, RVR-1960)

4. La resurrección de Jesús

Tras la muerte sacrificial de Jesús en la cruz, Dios Padre resucitó a su Hijo de la muerte, por el poder del Espíritu Santo. Pablo comenzó su carta a la iglesia en Roma con palabras para dicho efecto, hablando de en qué consistían las buenas nuevas: "…*acerca de su Hijo, nuestro Señor Jesucristo, que era del linaje de David según la carne, que fue declarado Hijo de Dios con poder, según el Espíritu de santidad, por la resurrección de entre los muertos*" (Romanos 1:3–4, RVR-1960).

5. El regalo del Espíritu Santo

En Pentecostés, Jesús el Hijo recibió de Dios Padre el regalo del Espíritu Santo, y distribuyó el regalo sobre las cabezas de sus discípulos como lenguas de fuego. (Véase Hechos 2:1–4). Ese día, Pedro predicó a la multitud congregada y dijo: "*A este Jesús, Dios lo resucitó, y de ello todos nosotros somos testigos. Exaltado por el poder de Dios, y habiendo recibido del Padre el Espíritu Santo prometido, ha derramado esto que ustedes ahora ven y oyen*" (Hechos 2:32–33, NVI). De nuevo, vemos al Espíritu en unión con el Hijo y el Padre.

Del mismo modo, en la continua relación de Dios con su pueblo en este siglo presente participan directamente las tres Personas de la Deidad. El propósito final de Dios es que acudamos a Él como Padre, pero solo tenemos acceso a Dios Padre mediante Jesús el Hijo, por el Espíritu Santo: "*En [Cristo] también vosotros sois juntamente edificados para morada de Dios en el Espíritu*" (Efesios 2:22).

Porque por medio de Él los unos y los otros tenemos nuestra entrada al Padre en un mismo Espíritu. Así pues, ya no sois extraños ni extranjeros, sino que sois conciudadanos de los santos y sois de la familia de Dios. (Efesios 2:18–19)

La continuada actividad del Espíritu Santo

Cerca del final de su ministerio terrenal, el Jesús resucitado prometió dar a sus discípulos el regalo del Espíritu Santo.

Y les dijo: Así está escrito, y así fue necesario que el Cristo padeciese, y resucitase de los muertos al tercer día; y que se predicase en su nombre el arrepentimiento y el perdón de pecados en todas las naciones, comenzando desde Jerusalén. Y vosotros sois testigos de estas cosas. He aquí, yo enviaré la promesa de mi Padre sobre vosotros; pero quedaos vosotros en la ciudad de Jerusalén, hasta que seáis investidos de poder desde lo alto. (Lucas 24:46–49, RVR-1960)

La presencia de su Espíritu sería continuada. Esta promesa del Hijo también es conocida como la promesa (o gloria) del Padre. (Véase Hechos 1:4; Romanos 6:4). El Padre y el Hijo darían juntos al Espíritu. El Padre solo da lo mejor, y ya había dado lo mejor de sí en Jesús. Ahora, estaba dando de nuevo lo mejor de sí en el Espíritu Santo.

Conocemos esta verdad, pero a menudo la olvidamos. Dios nos da lo mejor de sí cuando nacemos de nuevo y entramos en las realidades de la nueva creación, que se puede resumir en *"Cristo en vosotros, la esperanza de la gloria"* (Colosenses 1:27). Así, ahora, no solo Jesús está sentado a la diestra del Padre en el cielo, sino que Jesús también está dentro de nosotros; nos convertimos en un cofre del tesoro de Dios. Él vive en nosotros de una forma particular: por el poder de la deidad del Espíritu Santo. El Espíritu no solo viene sobre nosotros para una capacitación especial en ocasiones especiales mediante una intercesión especial, sino que también vive dentro de nosotros todo el tiempo. Él está siempre cerca. Como el Espíritu Santo es omnipresente, Él no es solo una presencia externa y tangible que se manifiesta en la tierra en ciertos momentos, sino que Él está disponible para nosotros todo el tiempo. ¡Y podemos ser llenos de Dios!

Jesús prometió enviar al Espíritu porque Él, como Persona, dejaría a sus seguidores. Él quería que todos supieran que otra Persona, el Espíritu Santo, vendría para ocupar su lugar. Se iba a producir un intercambio de Personas. Juan escribió más de lo que Jesús dijo acerca de esto:

> *Si me amáis, guardad mis mandamientos. Y yo rogaré al Padre, y os dará otro Consolador, para que esté con vosotros para siempre: el Espíritu de verdad, al cual el mundo no puede recibir, porque no le ve, ni le conoce; pero vosotros le conocéis, porque mora con vosotros, y estará en vosotros. No os dejaré huérfanos; vendré a vosotros.*
>
> (Juan 14:15–18, RVR-1960)

Este pasaje se refiere a lo que ocurrió subsecuentemente en Pentecostés. Justamente un poco antes de que Jesús dijese esto a sus discípulos, había hablado de su segunda venida al final del tiempo. (Véase Juan 14:3). Esto era para mostrar que en ningún momento nos dejaría solos. Nunca lo ha hecho, y nunca lo hará.

Los propósitos principales del Espíritu Santo sobre la tierra son terminar el ministerio de Cristo y formar el cuerpo colectivo de Cristo, preparando al mismo tiempo a la novia de Cristo (la iglesia) para su Novio, Jesús. (Véase, por ejemplo, Juan 14:25–26; 16:12–15; Efesios 2:22; 2 Tesalonicenses 2:13–14). El cumplimiento de estos propósitos sucede en dos niveles: el personal y el colectivo. Dondequiera que el maligno trae discordia, desunión y desastre, el Espíritu actúa mediante el cuerpo de Cristo para generar el reino de Dios.

El "ahora presente", representando a la Deidad

En esta era, el Espíritu Santo es el representante residente y personal de la Deidad en la tierra. La morada de su Espíritu omnipresente se describe de dos formas en las Escrituras: como el cuerpo físico (templo) de cada creyente, y como la iglesia (el templo colectivo de los creyentes):

> *¿Acaso no saben que su cuerpo es templo del Espíritu Santo, quien está en ustedes y al que han recibido de parte de Dios? Ustedes no son sus propios dueños; fueron comprados por un precio. Por tanto, honren con su cuerpo a Dios.*
> (1 Corintios 6:19–20, NVI)

> *¿No saben que ustedes son templo de Dios y que el Espíritu de Dios habita en ustedes?*   (1 Corintios 3:16, NVI)

(El "*ustedes*" del versículo 16, plural, se refiere a "ustedes juntos" como el templo vivo de Dios que es la iglesia).

A partir de su resurrección, Jesús ha actuado en las vidas de creyentes siempre y solamente a través del Espíritu Santo. La frase bíblica respecto a este hecho nos resulta ya familiar, con lo cual muchas veces lo pasamos por alto. Lea estos pasajes de nuevo con el Espíritu en mente:

> *Por tanto, hemos sido sepultados con Él por medio del bautismo para muerte, a fin de que como Cristo resucitó de entre los muertos por la gloria del Padre, así también nosotros andemos en novedad de vida.*   (Romanos 6:4)

> *Pero si Cristo está en ustedes, el cuerpo está muerto a causa del pecado, pero el Espíritu que está en ustedes es vida a causa*

de la justicia. Y si el Espíritu de aquel que levantó a Jesús de entre los muertos vive en ustedes, el mismo que levantó a Cristo de entre los muertos también dará vida a sus cuerpos mortales por medio de su Espíritu, que vive en ustedes.
(Romanos 8:10–11, NVI)

Estimado Teófilo, en mi primer libro me referí a todo lo que Jesús comenzó a hacer y enseñar hasta el día en que fue llevado al cielo, luego de darles instrucciones por medio del Espíritu Santo a los apóstoles que había escogido. (Hechos 1:1–2, NVI)

Para vivir la vida cristiana, tenemos que ser tan dependientes del Espíritu Santo como lo era Jesús, y como lo era la iglesia primitiva. Por esta razón, las exhortaciones de Pablo como las siguientes continúan siendo tan ciertas para nosotros hoy:

Porque todos los que son guiados por el Espíritu de Dios son hijos de Dios. Y ustedes no recibieron un espíritu que de nuevo los esclavice al miedo, sino el Espíritu que los adopta como hijos y les permite clamar: "¡Abba! ¡Padre!"
(Romanos 8:14–15, NVI)

Pero si sois guiados por el Espíritu, no estáis bajo la ley.
(Gálatas 5:18)

Pues Dios no nos ha dado un espíritu de timidez, sino de poder, de amor y de dominio propio. (2 Timoteo 1:7, NVI)

Si Jesús hacía únicamente lo que veía hacer a su Padre (véase Juan 5:19), ¿cuánto más nosotros deberíamos actuar desde una posición de dependencia de Abba, mediante la agencia de su Espíritu? ¡"Oh cristianos occidentales insensatos! ¿Quién les persuadió para dejar de actuar por el Espíritu para actuar según su propia voluntad? ¿Qué les hizo pensar que sus grandes programas y proyectos lograrían la obra que le pertenece a la tercera Persona de la Deidad?". (Véase Gálatas 3:1–5).

A partir de su resurrección, Jesús ha actuado en las vidas de creyentes siempre y solamente a través del Espíritu Santo.

¿Qué pasaría si el Espíritu Santo no estuviera aquí?

Frecuentemente se ha dicho que si el Espíritu Santo hubiera sido retirado de la iglesia del primer siglo, el noventa por ciento de lo que los creyentes primitivos hacían habría cesado, y solo el diez por ciento permanecería. Y por el contrario, si el Espíritu Santo se nos retirara de la iglesia de hoy, el noventa por ciento de lo que hacemos permanecería y solo el diez por ciento cesaría.

Yo quiero que cambiemos ese porcentaje, juntos. Confiemos en la tercera Persona de la Deidad ¡y dejémosle reinar en la iglesia hoy! Verá, el propósito global del Espíritu Santo en este siglo es trabajar con la novia de Cristo, la iglesia, para que juntos podamos clamar: "¡Ven, Señor Jesús!".

En esencia, las Escrituras proclaman proféticamente, una y otra vez: *"Y el Espíritu y la esposa dicen: Ven"* (Apocalipsis 22:17). Demos la bienvenida a la presencia, la convicción, el mover, el don, y la sabiduría y caminos personales del Espíritu Santo en nuestra vida en nuestra generación.

Este clamor del cuerpo de Cristo mundial de ser capacitados por el Espíritu Santo para hacer las obras de Jesús encarna una búsqueda apasionada, no solo a nivel personal sino también a nivel global de los últimos tiempos. Que se levante un clamor desenfrenado, que diga: "¡Ven otra vez, Espíritu Santo!".

7

Espíritu Santo, ¡sé bienvenido aquí!

El Espíritu Santo tiene personalidad, aunque no un
[cuerpo físico]. La personalidad es aquello que posee
inteligencia, sentimiento y voluntad. Cuando uno posee las
características, propiedades y cualidades de la personalidad, entonces la personalidad puede atribuirse a ese ser. La
personalidad, cuando se usa en referencia a seres divinos,
no se puede medir a través de estándares humanos.[16]
—Dick Iverson

Oh, cómo amo al Espíritu Santo! ¡Él hace que Jesús sea real!
¡Él hace que el Padre sea agradable! Extiendo la alfombra
roja ante esta preciosa Paloma de Dios cada día. Digo: "Espíritu
Santo, ¡sé bienvenido aquí!".

El Espíritu Santo es Aquel que nos conecta con el cielo. Sin
Él, ni siquiera Jesús podría haber sabido lo que el Padre quería
que hiciese o dijese. (Véase, por ejemplo, Juan 5:19). ¿Cuánto más
nosotros, pequeños terrícolas, necesitamos ese mismo Espíritu? Si

16. Dick Iverson, *The Holy Spirit Today* (Portland, OR: Bible Temple Publishing,
1990), 5.

quiere conocer a Dios, es absolutamente *indispensable* que usted llegue a conocer al Espíritu Santo, quien trabaja incansablemente para conectar el cielo y la tierra.

Este Espíritu Santo se describe en las Escrituras como el "espíritu de conocimiento", que significa que Él es el Espíritu de conocer y de ser conocido. En otras palabras, el Espíritu nos ha sido entregado para dar a conocer a Dios, y para que podamos conocerle. Dios Padre es accesible, pero sin la ayuda del Espíritu Santo, tendemos a tenerle miedo. Tenemos miedo por nuestro pecado. Pero podemos acercarnos a Dios sin inquietud cuando estamos en Cristo (véase Hebreos 4:15–16), teniendo al Espíritu Santo como nuestro Ayudador, porque el Espíritu es nuestro Consolador, o Paracletos (del griego *parakletos*, "cerca-junto" y "hacer una llamada", como un abogado legal que toma la decisión a conciencia correcta, estando cerca de la situación). El Espíritu es nuestro Abogado y Animador. (Véase, por ejemplo, Juan 14:16, 26, NVI; Romanos 12:8, NVI; 1 Corintios 14:3).

Tomé el título "espíritu de conocimiento" de una de las profecías de Isaías acerca del Mesías venidero. Isaías destacó que Él sería lleno del Espíritu de Dios, y el profeta amplió qué tipo de Espíritu sería este:

> *Y reposará sobre Él el Espíritu del* SEÑOR, *espíritu de sabiduría y de inteligencia, espíritu de consejo y de poder, espíritu de conocimiento y de temor del* SEÑOR.   (Isaías 11:2)

El Espíritu Santo tuvo una íntima relación con el Mesías, Yeshua, durante su ministerio en la tierra. Jesús se humilló a sí mismo, haciéndose totalmente dependiente del Espíritu Santo para hacer y decir solo esas cosas que agradasen al Padre. Tan solo piense en su vida y recuerde lo que hemos cubierto en capítulos anteriores. Jesús fue concebido y nació del Espíritu Santo. El Espíritu le guió. El Espíritu le ungió para su ministerio en su bautismo. Todo lo que Jesús hizo, desde resistir la tentación en el desierto hasta resucitar a los muertos, lo hizo por la guía y el poder del Espíritu. Se ofreció a sí mismo como sacrificio por el Espíritu. Resucitó de los muertos por el poder del Espíritu. Y para que sus seguidores pudieran seguir verdaderamente en sus pisadas, Jesús fue fiel en enviarles (y a todos aquellos a partir de entonces que han creído en Él, actuando en fe y convirtiéndose en un hijo de Dios) su Espíritu el día de Pentecostés.

Como Jesús ha otorgado el Espíritu Santo a los que creen, podemos tener el espíritu de conocimiento, el Consolador, el Abogado, tan cerca de nosotros como nuestro siguiente aliento, y Él nos ayudará a conocer a Dios diariamente. (Véase, por ejemplo, Juan 15:26).

Si quiere conocer a Dios, es absolutamente indispensable que llegue a conocer al Espíritu Santo, quien trabaja incansablemente para conectar el cielo y la tierra.

Muchos nombres maravillosos

En Isaías 11:2, citado arriba, vemos más nombres para el Espíritu Santo enumerados junto al "espíritu de conocimiento (y de temor del Señor)". En ese versículo solo, también encontramos el título "espíritu de sabiduría y de inteligencia" (o "espíritu de sabiduría y de revelación"; véase Efesios 1:17), así como "espíritu de consejo y fortaleza". Mencioné ya que el Espíritu Santo también es llamado el "Pracletos" o "Consolador", "Abogado". También es el "Dador de dones", como describí en el capítulo 5 de este libro. El Espíritu ejecuta la voluntad del Padre en la tierra en lo tocante a nosotros los humanos.

Los nombres son extremadamente significativos. Dan cuerpo a las características de definición de una persona o lugar, y esto demuestra ser así en la forma en que muchos nombres del Espíritu de Dios dan a conocer su peculiar persona. Echemos un vistazo a algunos nombres o títulos adicionales que se le han dado, y examinemos lo que nos muestran acerca del Espíritu Santo.

El Espíritu Santo. Este nombre, obviamente, es el nombre más prevalente de todos (véase, por ejemplo, Lucas 11:13), "santo" significa sagrado, apartado y totalmente puro.

El Espíritu de Dios. Nunca debemos olvidar el hecho más básico: el Padre, el Hijo y el Espíritu Santo juntos componen la Deidad. De nuevo, en la Creación, "*el Espíritu de Dios se movía sobre la superficie de las aguas*" (Génesis 1:2). Y Pablo usó el término "*Espíritu de Dios*" en sus cartas a creyentes. Aquí hay algunos ejemplos: "*Vosotros no estáis en la carne sino en el Espíritu, si en verdad el Espíritu de Dios habita en vosotros*" (Romanos 8:9). "*Porque todos los que son guiados por el Espíritu de Dios, éstos son hijos de Dios*" (Romanos 8:14, RVR-1960). "*¿No sabéis que sois templo de Dios y que el Espíritu de Dios habita en vosotros?*" (1 Corintios 3:16).

El Espíritu de Cristo. Como los tres son uno, Padre, Hijo y Espíritu Santo, al Espíritu a veces se le llama concretamente "el Espíritu de Cristo". El apóstol Pablo usó este nombre en su carta a los cristianos en Roma: "*Si alguno no tiene el Espíritu de Cristo, el tal no es de Él*" (Romanos 8:9).

La Paloma de Dios. Este nombre es uno de mis favoritos, en lo personal. Al Espíritu Santo se le puede llamar "la Paloma de Dios" porque, como discutimos antes, apareció en forma de paloma en el bautismo de Jesús. Como una paloma, desciende sobre nosotros, y si le damos la bienvenida, se queda. Él nos susurra y nos acerca al Padre. En cierto sentido, podríamos decir que establece un romance con nosotros en el amor de Dios. La naturaleza de paloma del Espíritu muestra su gentileza, ternura, inocencia, sensibilidad y paz.

El Espíritu de gracia. La gracia de Dios, que es gratuita para nosotros, es un tema grandioso. Ha sido el enfoque de incontables sermones y escritos, y el concepto de "solo gracia" fue el cimiento de toda la gran Reforma hace quinientos años. "El Espíritu de gracia" es uno de los nombres del Espíritu Santo (véase Hebreos 10:29), y el título Espíritu de gracia se ha usado como el nombre para muchas iglesias.

El Espíritu abrasador. (Véase también la referencia a "Fuego", debajo). *"Cuando el Señor haya lavado la inmundicia de las hijas de Sion y haya limpiado la sangre derramada de en medio de Jerusalén con el espíritu del juicio y el espíritu abrasador"* (Isaías 4:4). Necesitamos un avivamiento sostenido que incluya la convicción de pecado experimental y que lleve a la gente a una verdadera libertad. Quizá esto es parte del ministerio del Espíritu abrasador.

El Espíritu de vida. El mismo Espíritu que estaba presente en el génesis de toda vida es el que reemplaza la muerte por la vida para todo aquel que acepta la invitación de Dios para una nueva vida: *"Porque la ley del Espíritu de vida en Cristo Jesús te ha libertado de la ley del pecado y de la muerte"* (Romanos 8:2).

El Espíritu de gloria. En la mayoría de traducciones de 1 Pedro 4:14 aparece la frase *"el glorioso Espíritu de Dios"*. En otras palabras, el Espíritu de gloria es lo mismo que el Espíritu de Dios.

El Espíritu de adopción. Este es un nombre con emocionantes implicaciones para cada creyente. *"Porque todos los que son guiados por el Espíritu de Dios, éstos son hijos de Dios. Pues no habéis recibido el espíritu de esclavitud para estar otra vez en temor, sino que habéis recibido el espíritu de adopción, por el cual clamamos: ¡Abba, Padre!"* (Romanos 8:14–15, RVR-1960). El Espíritu Santo se asegura de que podamos responder a nuestro Padre en el cielo como verdaderos hijos.

Fuego, agua, viento. Aunque los símbolos o metáforas no son en verdad nombres, en sí mismos, pueden ser casi sinónimos de nombres a la hora de definir algo o alguien. El Espíritu Santo a menudo se asocia con el *fuego* (véase, por ejemplo, Isaías 4:4; Mateo 3:11), el *agua* (véase, por ejemplo, Juan 7:38–39; 1 Corintios 10:1–2; Tito 3:5), y el *viento* (véase Ezequiel 37:7–10; Juan 3:8; Hechos 2:2–3). En las Escrituras, el fuego enfatiza el acto de purificar, santificar, purgar, quemar la escoria. El agua sacia la sed y es esencial para la vida. También limpia y refresca. El Espíritu nos lleva al fluir del agua viva y fresca de la vida espiritual. El viento significa algo que podemos sentir y oír pero no ver (aunque podemos ver sus efectos). El viento del Espíritu nos empuja para avanzar hacia delante.

Sello, o Promesa. El precioso Espíritu Santo nos ha sido dado como una promesa o anhelo (anticipo) de la plenitud que ha de venir. Hemos sido sellados con el Espíritu Santo: para siempre, somos los hijos de Dios. Esto le hace ser el "Espíritu de la promesa":

> *En él también vosotros, habiendo oído la palabra de verdad, el evangelio de vuestra salvación, y habiendo creído en él, fuisteis sellados con el Espíritu Santo de la promesa, que es las arras de nuestra herencia hasta la redención de la posesión adquirida, para alabanza de su gloria.* (Efesios 1:13–14, RVR-1960)

Él siempre estará con nosotros. (Véase, por ejemplo, Hebreos 13:5). Las promesas de Dios aparecen a lo largo de su Palabra, incluyendo la promesa de la llegada de su Espíritu. (Véase, por ejemplo, Joel 2:28–29; Ezequiel 36:27). Justo antes de que se diera el Espíritu Santo en Pentecostés, Jesús se refirió a Él como "*la promesa del Padre*" (Lucas 24:49; véase también Hechos 1:4; Gálatas 3:14).

Aceite. El "aceite" del Espíritu nos unge para llevar a cabo la voluntad del Padre, capacitándonos para caminar en las pisadas de Jesús. Hemos visto que Jesús también fue ungido por el Espíritu de Dios: "*Vosotros sabéis cómo Dios ungió a Jesús de Nazaret con el*

Espíritu Santo y con poder, el cual anduvo haciendo bien y sanando a todos los oprimidos por el diablo; porque Dios estaba con El" (Hechos 10:38). Mediante esta unción, el Espíritu nos enseña mejor que cualquier maestro en un aula. Juan escribió que *"la unción que de él recibieron permanece en ustedes, y no necesitan que nadie les enseñe. Esa unción es auténtica —no es falsa— y les enseña todas las cosas. Permanezcan en él, tal y como él les enseñó"* (1 Juan 2:27, NVI). Eso es lo único que usted debe recordar: *"Permanezcan en él"*.

Su relación con el Espíritu Santo

Nadie le forzará jamás a tener una relación con Dios, ni siquiera Dios, aunque el Espíritu Santo es el que hace que la justicia de Dios repose sobre la gente. Sus métodos, aunque persuasivos y eficaces, nunca son coercitivos. Él es el Ayudador y Cuidador, no un tirano o un policía de patrulla. La mayoría de sus esfuerzos se pueden caracterizar mediante verbos de acción. Él *habita*, Él *llena*, Él *libera*, Él *equipa*, Él *transforma*, Él *convence*, Él *asegura*, Él *inspira*, Él *guía* y *dirige*, Él *regenera* y Él *resucita*. ¡Eso es mucho!

Veamos ahora, más específicamente, el papel del Espíritu Santo en nuestra vida.

El Espíritu convence a la gente de pecado

Es el trabajo del Espíritu Santo llevar a cada persona a tener una convicción personal profunda respecto al pecado, la justicia y el juicio para prepararle para su salvación. (Véase, por ejemplo, Juan 16:8–11; 1 Tesalonicenses 1:5). Él nos posibilita llegar a un punto de responsabilidad personal por nuestra pecaminosidad, dejando a un lado el orgullo, la rebeldía y la autojustificación.

El Espíritu regenera al creyente en el nuevo nacimiento

Al nacer de nuevo en el reino de Dios, un nuevo creyente entra en la comunión personal más íntima posible con Dios. *"El nos salvó, no por obras de justicia que nosotros hubiéramos hecho, sino conforme a su misericordia, por medio del lavamiento de la regeneración y la renovación por el Espíritu Santo"* (Tito 3:5). *"Pues por un mismo Espíritu todos fuimos bautizados en un solo cuerpo, ya judíos o griegos, ya esclavos o libres, y a todos se nos dio a beber del mismo Espíritu"* (1 Corintios 12:13). (Véase también Juan 3:5 y Juan capítulos 15 y 17).

El Espíritu concede al creyente seguridad de salvación

Como el nuevo nacimiento es algo invisible, algunas personas a menudo se preguntan después si realmente les ocurrió algo. Incluso antes de que otras evidencias innegables de la vida espiritual comiencen a aparecer, el Espíritu de Dios asegura en su gracia a las personas en lo más hondo de su espíritu que la salvación sin duda es suya. *"El Espíritu mismo le asegura a nuestro espíritu que somos hijos de Dios"* (Romanos 8:16, NVI; véase también Efesios 1:13–14).

Al nacer de nuevo en el reino de Dios, un nuevo creyente entra en la comunión personal más íntima posible con Dios.

El Espíritu habita en el creyente y lo llena

"Pero vosotros sí le conocéis porque mora con vosotros y estará en vosotros" (Juan 14:17; véase también 2 Timoteo 1:14). El Espíritu Santo establece su residencia en el nuevo creyente, y comienzan a producirse cambios maravillosos. Sin embargo, muchos creyentes parecen no llegar a entender que el Espíritu vive dentro de ellos. El apóstol Pablo preguntó a algunos creyentes en Éfeso: *"—¿Recibieron ustedes el Espíritu Santo cuando creyeron? —les preguntó. —No, ni siquiera hemos oído hablar del Espíritu Santo —respondieron"* (Hechos 19:2, NVI). Pablo procedió a instruirles acerca del Espíritu, y luego oró para que le recibieran. En otra ocasión,

dijo abiertamente: *"Pero si alguno no tiene el Espíritu de Cristo, el tal no es de El"* (Romanos 8:9). El día de Pentecostés, los fieles creyentes fueron llenos hasta rebosar con el Espíritu de Dios: *"Y fueron todos llenos del Espíritu Santo, y comenzaron a hablar en otras lenguas, según el Espíritu les daba que hablasen"* (Hechos 2:4, RVR-1960; véase también Hechos 4:31; Efesios 5:18). Deberíamos orar diariamente para ser llenos del Espíritu Santo.

El Espíritu hace libre al creyente

El Espíritu Santo nos libera de la esclavitud y el poder del pecado. Él abre nuevos niveles de libertad y pone la madurez espiritual a nuestro alcance. El Espíritu sigue supliéndonos de poder y dirección más que suficientes para romper malos hábitos, tratar asuntos de pecado generacional, y tratar problemas aparentemente insuperables. Dedique un tiempo a leer estas promesas (¡y a orar en base a ellas!) de su legítima libertad y capacitación en el Espíritu: Romanos 8:1–2; 12:1–2; Efesios 1:18–21; 3:16; 4:22–24; Colosenses 3:10.

El Espíritu equipa al creyente para un ministerio eficaz

El regalo del Espíritu es el regalo que sigue dando; el Espíritu Santo sigue "empujando las velas" de los creyentes auténticos, equipándoles con todas las habilidades y la fortaleza que pudieran necesitar para hacer la obra del reino de Dios.

Pero a cada uno se le da la manifestación del Espíritu para el bien común. Pues a uno le es dada palabra de sabiduría por el Espíritu; a otro, palabra de conocimiento según el mismo Espíritu; a otro, fe por el mismo Espíritu; a otro, dones de sanidad por el único Espíritu; a otro, poder de milagros; a otro, profecía; a otro, discernimiento de espíritus; a otro, diversas clases de lenguas, y a otro, interpretación de lenguas. Pero todas estas cosas las hace uno y el mismo Espíritu, distribuyendo individualmente a cada uno según la voluntad de Él.

(1 Corintios 12:7–11; véase también Efesios 4:11–12)

Solo mediante una relación de capacitación con el Espíritu de Dios es como puede alguien activar realmente estos maravillosos dones espirituales para conseguir realizar la obra espiritual de Dios. No podemos hacer la obra de Dios sin el Espíritu de Dios. Es ridículo el que tan solo queramos intentar hacer su obra por nuestras propias fuerzas. Pero si nos asociamos con Dios, conseguiremos sus resultados. (Véase, por ejemplo, Hechos 1:8; Romanos 12:3–8; 1 Corintios 4:7).

El Espíritu produce el fruto de carácter en el creyente

Siempre que el Espíritu mora en el corazón de alguien, cualidades piadosas como *"amor, gozo, paz, paciencia, benignidad, bondad, fe, mansedumbre, templanza"* (Gálatas 5:22–23), comienzan a madurar en la vida de esa persona. Llamamos a estas cualidades "el fruto del Espíritu". La Escritura está cargada de referencias a los rasgos de carácter positivos y justos que madurarán en un creyente que esté sujeto a la influencia beneficiosa del Espíritu Santo. (Véase, por ejemplo, Salmos 92:13–14; Mateo 13:23; Juan 15:2; Romanos 5:3–4; 2 Corintios 6:6; Filipenses 1:11; Santiago 3:17; Colosenses 1:10).

El Espíritu mejora la comunicación del creyente con Dios

La verdadera comunicación debe ser de dos vías. El Espíritu Santo nos ayuda a expresar oraciones que se oirán en el cielo (véase, por ejemplo, Romanos 8:26; Judas 20), y Él también susurra a nuestro espíritu las palabras de Dios de afirmación, guía, sabiduría y amor. Además, el Espíritu nos da el empuje que necesitamos para adorar a Dios de todo corazón y continuamente. (Véase, por ejemplo, Juan 4:23–24; Filipenses 3:3). Él inspira cánticos espirituales. (Véase 1 Corintios 14:15; Efesios 5:18–20; Colosenses 3:16). Él mantiene el fluir de la comunicación circulando en ambos sentidos.

El Espíritu guía y dirige al creyente en la vida

El Espíritu provee fielmente toda la sabiduría y el conocimiento que necesitamos para vivir vidas santas y obedientes que sean productivas según las normas del cielo. *"Porque todos los que son guiados por el Espíritu de Dios, los tales son hijos de Dios"* (Romanos 8:14; véase también Juan 16:13; Hechos 10:19–20; 13:2). Haga suya esta oración: "Espíritu del Dios vivo, ¡cae nuevamente sobre mí!".[17]

El Espíritu avivará el cuerpo del creyente en la resurrección

A la luz de todo lo que hace el Espíritu de Dios, la última "experiencia de vida" que tendremos con Él, por muy espectacular que sea, no nos sorprenderá:

> No todos moriremos, pero todos seremos transformados, en un instante, en un abrir y cerrar de ojos, al toque final de la trompeta. Pues sonará la trompeta y los muertos resucitarán con un cuerpo incorruptible, y nosotros seremos transformados. Porque lo corruptible tiene que revestirse de lo incorruptible, y lo mortal, de inmortalidad.
>
> (1 Corintios 15:51–53, NVI)

> Y si el Espíritu de aquel que levantó a Jesús de entre los muertos vive en ustedes, el mismo que levantó a Cristo de entre los muertos también dará vida a sus cuerpos mortales por medio de su Espíritu, que vive en ustedes.   (Romanos 8:11, NVI)

Nada ni nadie puede separarnos del cuidado amoroso del Espíritu de Dios. (Véase Romanos 8:35–39). Él es quien se asegura de que lleguemos a la orilla final con nuestros corazones firmes en Dios, resueltos ante el pecado o las circunstancias difíciles, incluso la muerte. Después de viajar juntos con el Espíritu Santo

17. Daniel Iverson, "Spirit of the Living God", 1926.

durante toda una vida, llegaremos a conocerle tan bien que, al final del viaje, reconoceremos a nuestro amado Jesús al instante. Cuando Él nos dé la bienvenida en la morada celestial de su Padre, aplaudiremos y exclamaremos: "¡Te *conozco*!".

Nada ni nadie puede separarnos del cuidado amoroso del Espíritu de Dios.

El Espíritu Santo prepara a la novia

"Ahí llega la novia, ta-ta-taaaaa!" ¡Vaya! Aún recuerdo mi propio día de bodas, viendo a mi hermosa novia acercarse por el pasillo para reunirse conmigo. La imagen siempre permanecerá grabada en mi memoria. En años recientes, al haber recorrido el pasillo para entregar a mis dos hijas a sus respectivos esposos, ahora puedo ver a las novias y las bodas desde ángulos distintos.

De una forma o de otra, todo lo que hace el Espíritu Santo está ligado para preparar a la novia de Cristo (repito: esta es la iglesia global, de la que son parte todos los creyentes) para su Novio, Jesús. Cuando Él regrese para reclamar a su novia, ella debe ser hermosamente pura y sin mancha, bien preparada para una eternidad con Él. El trabajo del Espíritu Santo es prepararla (nos).

Para las demás tareas, el Espíritu por lo general se tipifica mediante metáforas impersonales, como fuego, viento, lluvia, aceite, y otras cosas. Pero siempre que se habla de este papel de preparación de la novia, se produce mediante una historia que implica a personas.

Uno de los mejores ejemplos es la historia de Génesis 24 de cómo Isaac adquirió a su esposa Rebeca. Abraham representa a Dios Padre, Isaac es como Jesús el Hijo, y Rebeca tipifica la novia de Cristo, la iglesia. Un siervo sin nombre juega un papel importante, y él representa al Espíritu Santo. Puedo ver al menos nueve formas en que este siervo sirve como patrón para el Espíritu Santo:

1. El siervo gobernaba sobre todas las posesiones del padre Abraham y había recibido la mayordomía de la herencia de Abraham. (Véase Génesis 24:2). Podemos ver el paralelismo con el Espíritu Santo y Dios Padre.

2. El siervo recibió la tarea de seleccionar una novia para el hijo de Abraham, Isaac. (Véanse versículos 2–4). De forma similar, el Espíritu Santo ha sido enviado en una misión específica respecto a la iglesia.

3. El siervo viajó a otra parte del país, llevando buenos regalos y una proposición especial. (Véase versículo 10). Del mismo modo, el Espíritu Santo lleva a la iglesia los regalos de Dios y una invitación importante.

4. El siervo se acercó a Rebeca para activar la oferta del amo. La respuesta de Rebeca al siervo fue muy importante; determinó el destino de su vida. (Véanse los versículos 12–21). Lo mismo ocurre con nuestra respuesta a la invitación del Espíritu para hacer a Jesús nuestro Señor.

5. En cuanto Rebeca aceptó la oferta del siervo y sus regalos, fue apartada de una forma especial. (Véanse versículos 22–58). De forma similar, cuando recibimos al Mensajero de Dios y los dones que trae, somos recolocados y adornados, apartados para el Novio.

6. Rebeca y su familia proporcionaron una morada para el siervo y sus camellos. (Véanse versículos 23–25, 31–32). Del mismo modo, el Espíritu Santo mora con la iglesia (la novia-familia).

7. El siervo se convirtió en el guía de Rebeca para llevarle a su novio. (Véanse versículos 59–61). Esto es un paralelismo

con la forma en que el Espíritu Santo guía a la iglesia hasta su destino prometido y unión con Cristo.

8. Observe que el siervo era la única fuente de información de Rebeca tanto acerca de Abraham como Isaac, tipos del Padre y del Hijo. (Véanse versículos 34–38). Nosotros, también, debemos confiar en el Espíritu de manera inequívoca para que nos guíe a toda verdad.

9. Una vez que el siervo había entregado a Rebeca a Isaac y Abraham, su tarea se terminó. (Véanse versículos 62–67). Él se alegró de haber conseguido lo que Abraham le había encargado hacer; él nunca pidió nada para sí. ¡Cómo se asemeja eso al Espíritu Santo!

Como un siervo experimentado y totalmente fiable, el Espíritu Santo de Dios lo hace todo, no solo una vez, sino continuamente para cada creyente y, por consiguiente, para todo el cuerpo (novia) de Cristo. ¡Estaríamos muy perdidos sin Él! Sin el Espíritu, nunca seríamos capaces de encontrar nuestro camino hasta Jesús, el Novio supremo.

Hónrele, búsquele, dele

El Espíritu Santo es Dios, y deberíamos honrarle del todo, especialmente porque, como dijo Jesús: *"Pero cuando Él, el Espíritu de verdad, venga, os guiará a toda la verdad, porque no hablará por su propia cuenta, sino que hablará todo lo que oiga, y os hará saber lo que habrá de venir"* (Juan 16:13). Solo mediante las ministraciones gentiles y poderosas del Espíritu Santo podemos conocer la verdad de Dios.

No tiene que esperar hasta que suceda algo espiritualmente para responder al Espíritu Santo. Está bien buscarle para instigar la acción. A Él le gusta cuando usted le persigue. (Piense en la forma en que Jesús respondió al centurión en Lucas 7:1–10). ¡A Dios le encantan los buscadores apasionados!

Dele al Espíritu Santo la libertad de darle a *usted* libertad. *"Ahora bien, el Señor es el Espíritu; y donde está el Espíritu del Señor, hay libertad"* (2 Corintios 3:17).

El normalmente callado Espíritu Santo no es un Espíritu reservado, sino un activista. Es el poder dinámico que Jesús prometió a la iglesia antes de Pentecostés. Él ejecuta los propósitos y planes de la Deidad. Como Aquel que lleva a cabo los propósitos de Dios, su creatividad, inspiración, convicción, regeneración, generosidad, iluminación, santificación y mucho más, Él siempre está trabajando. (Véase Juan 5:17). Simplemente poniendo atención a lo que Él está haciendo y cooperando con Él, llegamos a entender mejor a Dios.

Dé la bienvenida en este momento al Espíritu Santo en su vida, su familia, su ministerio y su ciudad. Espere grandes cosas al usted declarar, como hizo el joven Evan Roberts del legendario avivamiento galés: "Envía ahora el Espíritu, por causa de Jesucristo".

Usted le conoce lo suficiente a estas alturas; con el Espíritu de Dios de su lado, algo bueno está a punto de ocurrir.

Sección Dos

Conocer a Dios conociendo su Palabra

Comienzo el capítulo 8 con esta frase resumen: "Si quiere conocer el corazón de Dios, debe conocer su Palabra, donde se revelan su naturaleza y su carácter. La Palabra le habla directamente con la voz de Dios. Amo al Dios de la Palabra, ¡y también amo la Palabra de Dios!". Dios es un maestro de obras, y Él edifica sobre su Palabra. Para poder conocer a Dios, debe conocer sus palabras, reveladas en las Escrituras. Estas son el cimiento de una vida de éxito. Cristo, *la* Palabra de Dios, es la piedra angular de ese cimiento. Los sabios han construido sus casas sobre la roca en vez de sobre la arena.

En el capítulo 9 declaro que las palabras de Dios, reveladas en las Escrituras, son fiables. La autoritativa Palabra de Dios es inspirada por el Espíritu Santo. Esta Palabra quita lo "torcido" de nuestra vida y nos pone en el camino recto. La Palabra de Dios es coherente y poderosa, derribando fortalezas negativas y haciéndonos completos en Él.

El capítulo 10 trata sobre el hambre espiritual. Las personas hambrientas deben comer. La palabra clave aquí es *hambriento*. Si usted no está hambriento, no consumirá alimento alguno. La Palabra de Dios es nuestro alimento espiritual. Es apetitosa y agradable al paladar de los que están hambrientos por conocer a Dios. En este capítulo, le ofrezco un repaso, o una "visión a vista de pájaro", de las Escrituras, conectando los puntos entre el Antiguo Testamento y el Nuevo, con el objetivo de crear ese hambre en usted. Como me gusta decir: "Lea la Biblia hasta que ella le lea a usted".

El capítulo 11 trata sobre las preguntas: "¿Cómo 'trabaja' la Biblia? ¿Cómo le conecta con el cielo?". Sin lugar a duda, la Biblia es un Libro único. Es activa y poderosa. Le cambia y transforma para el propósito de Dios. Le ilumina, haciendo brillar su luz en las partes más internas de usted, donde el mal queda expuesto y la verdad es revelada. Trae esperanza y vida. Es el lugar de nacimiento de la fe y el punto de inicio de la sanidad. Limpia y juzga, y es el espejo de la revelación.

El capítulo 12 concluye con un desafío: "¡Contemple al Señor!". Un argumento sin una experiencia es ineficaz. Conocer a Dios no es algo automático; es un proceso de por vida que requiere dedicación a la tarea. Es un arte perdido, y yo he dedicado mi vida a llevarlo de vuelta al pueblo de Dios. Descripciones de este arte, que incluye oración, meditación y contemplación, están salteadas por todos mis escritos. El lugar secreto le llama, y es en ese lugar donde usted se encuentra con Dios. Demasiadas personas viven "en la cocina", como Marta, en vez de "a los pies de Jesús", como María. En este capítulo, como un extra, le ofrezco claves para salir de la cocina y entrar en una posición de amor donde poder recibir la Palabra de Dios a los pies de Jesús.

8

Conocer al Maestro de obras

¿Su casa permanecerá o se caerá? ¿Qué determina esto?
En una palabra: cimiento. ¿Puede visualizar esto? La vida
con todos los problemas e inestabilidades del egocentris-
mo y la inmadurez no ofrece mucho en cuanto al trabajo
preparatorio sobre el que depender. Pero las líneas rectas
de la vida llevadas a las relaciones del Reino sí lo hacen.[18]
—Bob Mumford

Llegar a conocer a Dios es parecido a edificar una vida de fe,
porque Dios es el maestro de obras. Y si quiere conocer el corazón de Dios, debe conocer su Palabra, donde se revelan su naturaleza y su carácter. La Palabra le habla directamente con la voz
de Dios. Amo al Dios de la Palabra, ¡y también amo la Palabra de
Dios!

Recuerdo una historia que tiene que ver con la infancia temprana de mi difunta esposa, Michal Ann Willard Goll. Su maestro de la escuela dominical metodista, el Sr. Tyler, le enseñó a amar

---

18. Bob Mumford, *The King and You* (Old Tappan, NJ: Fleming H. Revell, 1974), 242.

su Biblia, a leerla, orarla y memorizarla. Ella se sentaba en su regazo, y él le contaba historias bíblicas, y eso creó un hambre de Dios dentro de su corazón. Mientras crecía, su Biblia terminó convirtiéndose en su "mejor amiga".

Una vez, si recuerdo correctamente, la familia Willard estaba subida en su auto cargado de maletas listos para ir de viaje a algún lugar. Pero Ann, la única hija, no aparecía. Uno de sus hermanos recibió la orden de volver a entrar a casa para buscarla. Bueno, ahí estaba, acurrucada en su cuarto del piso de arriba, haciendo placenteramente lo que más le gustaba: leer su Biblia. ¡Qué manera de crecer!

Verá, puede tener una verdadera relación con la Palabra de Dios, la Biblia, y esta es una forma maravillosa de desarrollar una relación con Jesús, el Hijo de Dios, al que también se le conoce como la Palabra: *"En el principio existía el Verbo, y el Verbo estaba con Dios, y el Verbo era Dios....Y el Verbo se hizo carne, y habitó entre nosotros, y vimos su gloria, gloria como del unigénito del Padre, lleno de gracia y de verdad"* (Juan 1:1, 14; véase también Apocalipsis 19:13).

A medida que conocemos la Biblia, la Palabra de Dios, se convertirá en el cimiento seguro sobre el que edificar nuestra fe. Nos impedirá alejarnos de Dios y extraviarnos en direcciones extremas. Derek Prince escribió acerca de la importancia de la Palabra para los creyentes fervientes que quieren conocer a Dios de una manera equilibrada:

En Génesis leemos: "y el Espíritu de Dios se movía sobre la superficie de las aguas" (Génesis 1:2). En el siguiente versículo leemos: "Entonces dijo Dios: Sea la luz".

Así es, la Palabra de Dios salió; Dios pronunció la palabra *luz*. Y cuando la Palabra y el Espíritu de Dios se unieron, se produjo la creación, la luz apareció, y el propósito de Dios se cumplió.

Lo que ocurrió con ese gran acto de creación ocurre también con la vida de cada individuo. La Palabra de Dios y el Espíritu de Dios unidos en nuestras vidas contienen toda la autoridad creativa y el poder de Dios mismo. A través de ellas Dios suplirá cada necesidad y llevará a cabo su perfecta voluntad y plan para nosotros. Pero si separamos estos dos elementos, buscar al Espíritu sin la Palabra o estudiar la Palabra sin el Espíritu, nos desviamos y nos perdemos el plan de Dios.[19]

Si quiere conocer bien a Dios, debe tener una relación con su Palabra viva, esta Palabra que se hizo carne y habitó entre nosotros, llena de gracia y de verdad. Esto le ayudará a confiar en Dios más que en lo que otras personas le digan. Otras personas le dirán que la doctrina, y las denominaciones, y estructuras eclesiales, y el emocionante mover de Dios son las cosas más importantes. Pero lo más importante es Dios mismo. (Ahora bien, por favor no me malentienda; yo amo a la iglesia. He sido parte de la iglesia desde que era pequeño. Sin embargo, no hemos sido llamados a predicar el evangelio de la iglesia sino el evangelio del reino de Dios).

Mantener nuestras prioridades en orden

Muchas, muchas veces, personas que han comenzado con Dios han acabado yéndose por carreteras sin salida. Siguen pensando que conocen a Dios, y están orgullosos de ello, incluso se ponen un tanto a la defensiva al respecto. Pero han perdido su conexión viva con Él (si es que la tuvieron alguna vez). De lo único que hablan es de cómo la iglesia abusó de ellos, o ese par de ideas que llamaron su atención en algún momento de su vida. Simplemente no pueden armar todo el rompecabezas. Quizá perdieron la perspectiva por el camino porque se retiraron de la predicación de la Palabra.

19. Derek Prince, *The Spirit-Filled Believer's Handbook* (Lake Mary, FL: Creation House, 1993), 39.

¿Sabe qué? Antes de predicar o enseñar, yo mismo tengo que leer regularmente mi Biblia, y siempre tengo que sentarme bajo la enseñanza ungida de otros sobre la Palabra de Dios para recibir ánimo en mi continua relación con la Palabra viva.

Yo soy una persona que valora mucho la revelación fresca y progresiva de Dios; siempre quiero buscar más de ello. Pero he visto a muchas personas que parecen pensar que la siguiente gran revelación será algún tipo de mejora de Jesús. Déjeme decirle que no hay revelación acerca de Dios que sea más profunda que la que encontrará en la Palabra. Conclusión: no hay verdad más profunda que Jesucristo crucificado y resucitado de los muertos. ¡Permanezcamos en lo principal y sencillo!

Cristo es nuestro fundamento, nuestra Roca. Ya sea que usted forme parte de una iglesia litúrgica o una iglesia no denominacional, las Escrituras y los antiguos credos de la iglesia le mantendrán firmemente arraigado en Dios para que no se "tambalee". Cualquier otro fundamento con el tiempo demostrará ser alguna forma de humanismo, porque exaltará a una personalidad humana, quizá incluso una personalidad humana ungida, por encima de Dios mismo.

No hay revelación acerca de Dios que sea más profunda que la que encontrará en la Palabra.

Mi padre terrenal era carpintero que dirigió un almacén de madera durante la mayor parte de su vida, así que se podría decir que soy hijo de un carpintero, como lo fue Jesús. Crecí entre las herramientas de la profesión, lo cual significa que puede que haya obtenido ideas desde una perspectiva natural acerca de conocer al maestro de obras.

He tenido muchas tristes ocasiones de hablar con personas que han viajado con Dios durante un tiempo, y luego han perdido su "plomada". Una plomada es una herramienta de carpintero que le ayuda a que un edificio esté recto y fuerte al construirlo. El profeta Amós tuvo una visión en la que Dios extendía su plomada para mostrar que el pueblo se había desviado mucho del diseño de Él. (Véase Amós 7:7–9). No quiero que esto le ocurra a usted. No quiero que malgaste su vida solo porque algún ministro llamativo le emocionara con su concepto preferido. No quiero que dedique su devoción a algo temporal.

Para ser inconmovible, su fe debe estar basada sobre el pacto de Dios. Otra manera de decir esto es que su vida con Dios esté edificada sobre los libros de Dios: los sesenta y seis destacados libros de la Biblia que el Señor nos ha dado para leer, releer y digerir. Esta Palabra, compuesta del Antiguo y del Nuevo Testamento (pactos), es *"viva y eficaz, y más cortante que cualquier espada de dos filos; penetra hasta la división del alma y del espíritu, de las coyunturas y los tuétanos, y es poderosa para discernir los pensamientos y las intenciones del corazón"* (Hebreos 4:12).

Mantengamos nuestras prioridades en orden. El Padre, Hijo y Espíritu Santo quieren que se familiarice íntimamente con la Palabra porque, haciéndolo, conocerá a Aquel que inspiró cada línea.

Cristo Jesús, la piedra angular

Como afirman tanto el Antiguo como el Nuevo Testamento, la fundamental e imprescindible piedra angular es Jesucristo. Si no edificamos nuestra fe sobre Él, bien podríamos estar edificando sobre arena. (Véase Mateo 7:24–27). Jesús es la Roca sólida.

En los capítulos 3 y 4 de este libro, hice un repaso de algunos de los más de trescientos versículos proféticos del Antiguo Testamento que encuentran su cumplimiento en Jesús en el Nuevo Testamento. Aquí tiene tres más de esos versículos, todos los cuales tienen que ver con Jesús la Roca, la piedra fundamental:

Por eso dice el SEÑOR omnipotente: ¡Yo pongo en Sión una piedra probada!, piedra angular y preciosa para un cimiento firme; el que confíe no andará desorientado.

(Isaías 28:16, NVI)

El SEÑOR es mi roca, mi amparo, mi libertador; es mi Dios, el peñasco en que me refugio. Es mi escudo, el poder que me salva, ¡mi más alto escondite! (Salmos 18:2, NVI)

En Dios solamente espera en silencio mi alma; de Él viene mi salvación. Sólo Él es mi roca y mi salvación, mi baluarte, nunca seré sacudido….Alma mía, espera en silencio solamente en Dios, pues de Él viene mi esperanza. Sólo Él es mi roca y mi salvación, mi refugio, nunca seré sacudido. En Dios descansan mi salvación y mi gloria; la roca de mi fortaleza, mi refugio, está en Dios. (Salmos 62:1–2, 5–7)

Estos pasajes presagian el papel de Jesús como el fundamento firme como una roca de la edificación de la fe que los creyentes construyen durante toda su vida. El Antiguo Testamento presagia, el Nuevo Testamento revela. Aquí está el Señor, la Roca, revelado en el Nuevo Testamento:

Porque nadie puede poner un fundamento diferente del que ya está puesto, que es Jesucristo. (1 Corintios 3:11, NVI)

Jesucristo es "la piedra que desecharon ustedes los constructores, y que ha llegado a ser la piedra angular". De hecho, en ningún otro hay salvación, porque no hay bajo el cielo otro nombre dado a los hombres mediante el cual podamos ser salvos. (Hechos 4:11–12, NVI)

Así que ya no sois extranjeros ni advenedizos, sino conciudadanos de los santos, y miembros de la familia de Dios, edificados sobre el fundamento de los apóstoles y profetas, siendo la principal piedra del ángulo Jesucristo mismo, en quien todo el edificio, bien coordinado, va creciendo para ser un templo santo en el Señor. (Efesios 2:19–21, RVR-1960)

Cristo es la piedra viva, rechazada por los seres humanos pero escogida y preciosa ante Dios. Al acercarse a él, también ustedes son como piedras vivas, con las cuales se está edificando una casa espiritual. De este modo llegan a ser un sacerdocio santo, para ofrecer sacrificios espirituales que Dios acepta por medio de Jesucristo. Así dice la Escritura: "Miren que pongo en Sión una piedra principal escogida y preciosa, y el que confíe en ella no será jamás defraudado". (1 Pedro 2:4–6, NVI)

En tres de los pasajes de arriba, los escritores del Nuevo Testamento se referían a la profecía de la "piedra angular" de Isaías, quien no sabía que un Dios-Hombre llamado Jesús cumpliría sus palabras. Los escritores, Pablo y Pedro, añadieron esos detalles al mensaje profético. Me gustan especialmente los adjetivos que aplicó Pedro a esta piedra angular: *"escogida"* y *"preciosa"*. Otras traducciones bíblicas usan las palabras *"elegida"*, *"valiosa"*. (Véase NTV, TLA). ¡Eso es nuestro Jesús!

Cristo Jesús, la Roca de nuestra salvación

Las propias palabras de Jesús confirman esta verdad de que Él es la piedra angular de nuestra fe. Siga conmigo ahora mientras explico a qué me refiero. Primero, leamos el relato de Mateo de lo que dijo Jesús a este respecto:

Cuando llegó Jesús a la región de Cesarea de Filipo, preguntó a sus discípulos, diciendo: ¿Quién dicen los hombres que es el Hijo del Hombre?...El les dijo: Y vosotros, ¿quién decís que soy yo? Respondiendo Simón Pedro, dijo: Tú eres el Cristo, el Hijo del Dios

viviente. Y Jesús, respondiendo, le dijo: Bienaventurado eres, Si-
món, hijo de Jonás, porque esto no te lo reveló carne ni sangre,
sino mi Padre que está en los cielos. Yo también te digo que tú
eres Pedro, y sobre esta roca edificaré mi iglesia; y las puertas del
Hades no prevalecerán contra ella. (Mateo 16:13, 15–18)

Simón Pedro captó la verdad acerca de Jesús, con la ayuda del
Espíritu de Dios. No fue porque Pedro lo había estudiado todo; no
fue su buen análisis, o erudición, o investigación histórica, o las palabras de los profetas. Fue una revelación profética. Y Jesús alabó
a Pedro por expresarlo tan claramente, a la vez comparándole con
una roca. Sin embargo, Jesús no llamó a Pedro la Roca, con ma-
yúscula. Estaba haciendo una distinción entre *petros*, el nombre de
Pedro en griego que significa "piedra pequeña" y *petra*, que significa
una gran roca, o incluso un peñasco.

No podemos conseguir esta distinción en la traducción al español de ambos términos, que es la palabra "*roca*". Jesús estaba ex-
presando: "Yo también te digo que tú eres *Petros* [roca pequeña],
y sobre esta *Petra* [i.e., Jesús el Cristo, el Hijo del Dios viviente]
edificaré mi iglesia". Incluso se podría decir que Pedro fue "de tal
palo tal astilla".

Jesús estaba haciendo un juego de palabras aquí. Le alegró oír la
confesión de Pedro de la verdad, pero no confundió a Pedro con la
Roca de la salvación (Él mismo). Por el contrario, estaba contrastan-
do a Pedro con la Roca. La iglesia no se edificaría, dijo Él, sobre un
mero hombre (una piedrecita, en comparación), sino sobre Aquel a
quien Pedro acababa de confesar, la Roca (*Petra*) de los siglos, que es
inconmovible, inamovible y muy fiable. Pedro tuvo que ser alabado
por reconocer y confesar la firme y sólida verdad sobre Jesús.

La experiencia de Pedro ilustra la manera en que cada creyente
comienza a edificar sobre la piedra angular de la Roca de la salvación. Sucede en cuatro etapas sucesivas:

1. Un encuentro directo y personal con Jesucristo. Jesús y Pedro estaban cara a cara. No había intermediarios. Ningún otro ser humano tomó parte activa.

2. Una revelación directa y personal sobre Jesucristo, ya sea que entendamos de dónde vino la información o no. Pedro no parecía darse cuenta de que fue una revelación directa.

3. Un reconocimiento de la verdad de la revelación, un darse cuenta de ello.

4. Una confesión pública de la verdad. No podemos mantener la verdad en secreto. Debemos confesarla públicamente, como lo hizo Pedro, desechando la posibilidad de que podamos ser malentendidos. Solo haciéndolo podremos recibir la confirmación de Jesús.

Repetir este patrón asegurará que evitemos dos posibles resultados, mientras que garantiza un tercero. Respecto a convertirnos en todo un discípulo de Jesús, demasiadas personas se conforman con ser lo que yo llamo "pecadores despreocupados", personas a quienes no les importa en absoluto la salvación, que simplemente suponen que su experiencia de vida aquí en la tierra es toda la historia. Muchos otros lo hacen a medias: llegan a un convencimiento de su necesidad de un Salvador, pero no entran en un verdadero conocimiento salvador de Cristo. Cualquiera de estas dos situaciones se puede cambiar en el momento en que una persona tiene un encuentro directo y personal con Jesús y responde como lo hizo Pedro: *"Tú eres el Cristo, el Hijo del Dios viviente"* (Mateo 16:16).

Las propias palabras de Jesús confirman esta verdad de que Él es la piedra angular de nuestra fe.

¿Cuál es su experiencia personal?

Dedique un momento a pensar en su propia experiencia. ¿Ha tenido un encuentro personal con Jesús? (Véase Juan 16:13–14). ¿Ha conocido a Dios, la Roca inamovible, inmutable (véase Hebreos 13:8), sobre la que poder edificar su nueva vida? ¿Ha comenzado su vida eterna? Refiriéndose a sí mismo en tercera persona en una oración al Padre, Jesús afirmó: "*Y esta es la vida eterna: que te conozcan a ti, el único Dios verdadero, y a Jesucristo, a quien has enviado*" (Juan 17:3). Su vida eterna no comienza cuando usted va al cielo; comienza cuando entra en una relación con el Hijo de Dios viviente aquí y ahora. Cuanto más llegue a conocerle, más experiencia tendrá de esa vida eterna dentro de usted, hasta que alcance su plenitud en la eternidad.

Si puede responder confiadamente "Sí" a la pregunta del párrafo anterior, entonces puede decir, junto a Juan el discípulo amado: "*Y sabemos que el Hijo de Dios ha venido y nos ha dado entendimiento a fin de que conozcamos al que es verdadero; y nosotros estamos en aquel que es verdadero, en su Hijo Jesucristo. Este es el verdadero Dios y la vida eterna*" (1 Juan 5:20). No es meramente una doctrina que uno llega a creer, es una *Persona*. Usted le conoce. Y conocerle es amarle.

Puede confiar su propia vida en las manos de Dios. Puede compartir el sentimiento de Pablo cuando escribió: "*Yo sé en quién he creído, y estoy convencido de que es poderoso para guardar mi depósito hasta aquel día*" (2 Timoteo 1:12). Pero si usted solo sabe *qué* cree, y no a *quién*, el fundamento de su fe (la piedra angular) no ha sido puesto aún, y su fe será fácilmente sacudida.

"*Vuelve ahora en amistad con él, y tendrás paz; y por ello te vendrá bien*" (Job 22:21, RVR-1960). Me gusta la traducción de este versículo. Vuelva ahora en amistad con Dios, y conózcale, y nunca lo lamentará.

Edificar un fundamento sólido

Como dije al comienzo de este capítulo, si quiere conocer a Dios, debe conocer su Palabra, porque al conocer las Escrituras, se convertirán en el fundamento firme sobre el que edificar su fe. Jesús, la Roca, es la piedra angular imprescindible. Sin Él, nuestra fe no puede edificarnos para ser fuertes moradas para Dios.

¿Sabía que usted es la "habitación" de Dios? En la Biblia, encontramos que a los creyentes se les compara con casas, templos y otras construcciones, todas las cuales deben comenzar con un fundamento firme. Pablo escribió las siguientes palabras a los cristianos en Corinto y Colosas:

> *En efecto, nosotros somos colaboradores al servicio de Dios; y ustedes son el campo de cultivo de Dios, son el edificio de Dios. Según la gracia que Dios me ha dado, yo, como maestro constructor, eché los cimientos, y otro construye sobre ellos. Pero cada uno tenga cuidado de cómo construye.*
>
> (1 Corintios 3:9–10, NVI)

> *Por tanto, de la manera que habéis recibido al Señor Jesucristo, andad en él; arraigados y sobreedificados en él, y confirmados en la fe, así como habéis sido enseñados.*
>
> (Colosenses 2:6–7, RVR-1960)

Aunque es vital que cada uno se edifique en su fe (véase Judas 20), los creyentes individuales no pueden permanecer en pie solos. Debemos combinar nuestras energías de fe para que juntos, como iglesia, nos convirtamos en la morada de Dios. Pablo fue explícito acerca de esta realidad:

> *…edificados sobre el fundamento de los apóstoles y los profetas, siendo Cristo Jesús mismo la piedra angular. En él todo el edificio, bien armado, se va levantando para llegar a ser un*

templo santo en el Señor. En él también ustedes son edificados juntamente para ser morada de Dios por su Espíritu.
(Efesios 2:20–22, NVI)

Dios nos ayudará a construir este edificio como cuidadosos obreros, habiendo puesto los *"rudimentos"* de Cristo adecuadamente, para que el resto de la construcción pueda continuar sin problema:

> *Por tanto, dejando ya los rudimentos de la doctrina de Cristo, vamos adelante a la perfección; no echando otra vez el fundamento del arrepentimiento de obras muertas, de la fe en Dios, de la doctrina de bautismos, de la imposición de manos, de la resurrección de los muertos y del juicio eterno. Y esto haremos, si Dios en verdad lo permite.* (Hebreos 6:1–3, RVR-1960)

Aunque quizá no necesitemos repasar los rudimentos de la fe, como el arrepentimiento, el perdón y la fidelidad, debemos edificar sobre ellos, esforzándonos por alcanzar la madurez y la justicia, las cuales, por supuesto, no podemos alcanzar por nuestras propias fuerzas, sino solo mediante la generosa gracia de Dios. Oramos los unos por los otros como oró Pablo por los ancianos de la iglesia en Éfeso: *"Y ahora, hermanos, os encomiendo a Dios, y a la palabra de su gracia, que tiene poder para sobreedificaros y daros herencia con todos los santificados"* (Hechos 20:32, RVR-1960).[20]

Mantenerse fuerte

Tenemos que oír al Espíritu de Dios y obedecer cualquier cosa que nos indique que deberíamos hacer (o no hacer). Así es como edificamos y crecemos. Lo siguiente es literalmente cómo la Palabra (Jesús mismo) lo explica:

---

20. Para explorar más los ladrillos esenciales para la edificación de la fe, vea el libro *A Radical Faith* y *A Radical Faith Study Guide*, de James Goll.

Por tanto, cualquiera que oye estas palabras mías y las pone en práctica, será semejante a un hombre sabio que edificó su casa sobre la roca; y cayó la lluvia, vinieron los torrentes, soplaron los vientos y azotaron aquella casa; pero no se cayó, porque había sido fundada sobre la roca. Y todo el que oye estas palabras mías y no las pone en práctica, será semejante a un hombre insensato que edificó su casa sobre la arena; y cayó la lluvia, vinieron los torrentes, soplaron los vientos y azotaron aquella casa; y cayó, y grande fue su destrucción.

(Mateo 7:24–27)

Observe la diferencia entre los llamados "sabios" y los llamados "necios". Todos oyen las mismas palabras, las palabras de Jesús, ¿no es así? Pero no todos perseveran. Algunos no actúan en base a las palabras directas de la Palabra. Tristemente, quizá vivan para lamentarlo, pero puede que para entonces ya sea demasiado tarde. Otros abandonan muy rápido cuando llegan los problemas, al no entender que este esfuerzo de construcción de toda la vida no pretende ser un paseo por el parque. Edificar su casa es un trabajo duro, y *sufrirá* reveses y circunstancias imprevistas.

¿Qué hace cuando se cae de su escalera, por así decirlo? Sencillamente se levanta y lo vuelve a intentar. Le pide a Dios que le muestre cómo. Anima también a otros creyentes a continuar en la fe. Sigue recordando a otros que podemos entrar en el reino de Dios solo mediante este proceso de vencer las dificultades. (Véase Hechos 14:22). De algún modo, los repetidos altibajos constituyen una parte del proceso de edificación en sí mismo, y su fe se fortalecerá por haber sufrido todas las pruebas.

Algunos dirían que yo mismo he sido golpeado por las circunstancias de la vida. Pasé por un periodo de más de ocho años de batallar con un linfoma no Hodgkin mientras que, al mismo tiempo, mi esposa estaba padeciendo mucho con un cáncer de colon. Finalmente, yo gané mi batalla en este lado, y Michal Ann ganó también la suya en el otro lado. Hoy, ella está adorando a Jesús sin cesar ante su mismo trono, y yo sé que estaremos separados solo por un corto periodo de tiempo.

Cuando el viento y las olas llegaron y golpearon contra mi vida, ¿cómo sobreviví a las tormentas? ¿Por qué no soy una víctima sin esperanza del naufragio? Buena pregunta. La respuesta es que aprendí a soltar el ancla en la Palabra de Dios, mientras la mantenía atada al barco de mi vida, incluso mientras estaba siendo sacudido ferozmente por circunstancias inciertas.

Quizá he llegado al lugar llamado "puerto seguro" porque no confié en mi propio entendimiento. En todos mis caminos, reconocí a Dios, y Él dirigió mi camino. (Véase Proverbios 3:5–6). La Palabra de Dios se ha convertido en una lámpara a mis pies y una lumbrera a mi camino. (Véase Salmos 119:105). De las mismas palabras de la Biblia, he aprendido a confiar en las "maravillosas palabras de vida" (el tema de un antiguo canto cristiano).[21] Usted también puede sostenerse y ser capacitado mediante cada palabra que sale de la boca de Dios. (Véase Deuteronomio 8:3; Mateo 4:4). Deje que su Palabra se convierta en su pan diario.

Prueba de discipulado

Cumplir la Palabra de Dios es el rasgo supremo que distingue a un verdadero discípulo de alguien que no es discípulo. ¿Conoce la Palabra suficientemente bien como para obedecerla coherentemente? Con esto quiero decir: ¿conoce la Palabra escrita y conoce a Aquel que es la Palabra, Cristo Jesús? ¿*Ama* la Palabra escrita y la Palabra misma?

Conocerle es amarle, amar a Aquel a quien se llama la Palabra, que se hizo carne. Si quiere profundizar más en su relación con Dios, desarrolle una relación con su Palabra. Escuche, lea, ingiera,

---

21. Philip P. Bliss, "Wonderful Words of Life", 1874.

siga. Responda a los susurros de Dios. Hable con Él. Espere que Él se comunique con usted, porque lo hará.

Él vendrá y morará con usted, incluso mientras usted continúa poniendo los últimos toques sobre la bien construida morada que está edificando para Él. Esto es lo que Jesús dijo a sus primeros discípulos:

Un poco más de tiempo y el mundo no me verá más, pero vosotros me veréis; porque yo vivo, vosotros también viviréis. En ese día conoceréis que yo estoy en mi Padre, y vosotros en mí, y yo en vosotros. El que tiene mis mandamientos y los guarda, ése es el que me ama; y el que me ama será amado por mi Padre; y yo lo amaré y me manifestaré a él. Judas (no el Iscariote) le dijo: Señor, ¿y qué ha pasado que te vas a manifestar a nosotros y no al mundo? Jesús respondió, y le dijo: Si alguno me ama, guardará mi palabra; y mi Padre lo amará, y vendremos a él, y haremos con él morada. (Juan 14:19–23)

Cuando Jesús mora con usted, y usted mora con Él, a esto se le llama "permanecer en Él". El amado discípulo de Jesús escribió a miembros de la iglesia primitiva: *"El que guarda su palabra, en éste verdaderamente el amor de Dios se ha perfeccionado; por esto sabemos que estamos en él. El que dice que permanece en él, debe andar como él anduvo"* (1 Juan 2:5–6, RVR-1960).

Si quiere profundizar su relación con Dios, desarrolle una relación con su Palabra.

Según continuamos con nuestra exploración de descubrimiento, seguiremos estudiando la Palabra de Dios y conociéndole. (Repito: la Palabra escrita está viva, más como una persona que como un "libro antiguo"). Nuestra relación en desarrollo continuo con Dios comprende todo desde la comunicación uno a uno con Él (nuestra vida de oración personal), hasta palabras proféticas recibidas del Espíritu Santo, pasando por la confirmación de la Palabra escrita. El Espíritu y la Palabra siempre coinciden, siempre lo han hecho y siempre lo harán. Desde la Creación (y desde la eternidad), la Palabra de Dios y el Espíritu de Dios han trabajado en unidad y armonía.

¿Qué planos está usted siguiendo en la construcción de su casa espiritual? ¿Quiere una rápida remodelación? ¿O está permitiendo la obra profunda del Espíritu Santo, en unión con la Palabra de Dios, para construir una casa que permanezca firme en medio de las pruebas, problemas y traumas que esta vida pueda lanzarle?

¡Permitamos que Dios obre en nosotros y a través de nosotros para establecer y edificar una morada perfecta! Las palabras resonantes de los cantos antiguos lo describen mejor: "Mi esperanza está edificada sobre nada menos que la sangre y la justicia de Jesús;...Sobre la Roca sólida de Cristo estoy; todo lo demás son arenas movedizas".[22] "Esta es mi historia, esta es mi canción, durante todo el día alabar a mi Salvador".[23]

22. Edward Mote, "My Hope Is Built on Nothing Less", 1834.
23. Fanny J. Crosby, "Blessed Assurance", 1873.

9

La fiable Palabra de Dios

Nuestra fe no depende del conocimiento humano y el
avance científico, sino del inequívoco mensaje de
la Palabra de Dios.[24]
—Billy Graham

Existe algún término absoluto? ¿Alguna norma o parte del có-
digo de moral que no cambie? La mayoría del mundo parece
pensar que cada vez somos más iluminados según pasa el tiempo,
y que eso significa que debemos dejar atrás las viejas normas. En el
mundo occidental, la "inclusión" reina sobre todo. Si usted defiende
los términos absolutos, le acusarán de estar pasado de moda y no
ser lo suficientemente progresista. Incluso algunos cristianos acu-
san a otros creyentes que defienden los absolutos de tener un "espíritu religioso" y no entender el verdadero amor, la misericordia y la
gracia. Bueno, ¡imagino que me puede contar como uno de ellos!

Piense en la erosión y el cambio de valores que se ha producido en la programación familiar de la televisión en las dos

---

24. Billy Graham, prefacio de *What the Bible Is All About*, por Henrietta C. Mears
(Ventura, CA: Regal Books, 1999), 9.

últimas generaciones. Pasamos de *Father Knows Best*, donde el honor gobernaba en la casa, a *Three's Company*, donde se promueve un enfoque informal a la virtud en las relaciones entre hombre y mujer, y a la muy popular serie *Friends*, la cual reflejaba el intercambio de parejas y el engaño como algo normal. Después llegamos a *The New Normal*, donde las parejas del mismo sexo ahora son la nueva unidad familiar. ¿Cómo? ¿Qué ha ocurrido?

En el panorama político de los Estados Unidos hemos pasado rápidamente de la Ley de Defensa del Matrimonio a aceptar y aprobar los matrimonios entre personas del mismo sexo. Parte del problema hoy día es que una gran parte de la llamada iglesia protestante ya no cree que la Biblia sea la Palabra inspirada de Dios porque la "alta crítica" sabe más. Los Diez Mandamientos son realmente las "diez sugerencias". (Esto ya lo sabía usted, ¿verdad?). No es de extrañar que la verdad absoluta esté fuera de la cuestión.

Yo, al menos, estoy aquí para decir que los absolutos no han cambiado en la Palabra inspirada y autoritativa de Dios, la Biblia. Puede confiar en el Dios de la Palabra, y puede confiar en la Palabra de Dios.

La Biblia: mucho más

Me gusta hablar de la Biblia tanto como me gusta hablar de Aquel que la hizo. Es mucho más que un libro de historias, aunque es cierto que contiene una historia tras otra. Como he estado señalando, Jesús, el Hijo de Dios, también es conocido como la Palabra (recuerde Juan 1:1), lo cual le conecta estrechamente con la Biblia, la Palabra de Dios.

Echemos un nuevo vistazo a la Palabra de Dios, comenzando con las palabras de Jesús la Palabra, ¡según se narran en la Palabra!

La fiable Palabra de Dios 159

La Palabra autoritativa

Juan, el discípulo, escribió la respuesta de Jesús a un grupo de judíos que no estaban contentos con Él porque había dicho ser el Hijo de Dios, lo cual consideraban una blasfemia.

> *¿No está escrito en vuestra ley: "Yo dije: sois dioses"? Si a aquellos, a quienes vino la palabra de Dios, los llamó dioses (y la Escritura no se puede violar), ¿a quien el Padre santificó y envió al mundo, vosotros decís: "Blasfemas", porque dije: "Yo soy el Hijo de Dios"?* (Juan 10:34–36)

Quiero que observe cómo Jesús se refirió a la Palabra aquí. Primero, la llamó *"vuestra ley"*. Con eso, se refería a las Escrituras según las conocían los judíos: los libros que llamamos el Antiguo Testamento.[25] (Él estaba citando del Salmo 82:6, el cual probablemente conocían de memoria. Ese versículo sigue diciendo: *"Y todos sois hijos del Altísimo"*). La *"Ley"*, en otras palabras, no se refería solamente a los cinco primeros libros de nuestra Biblia, conocidos para los judíos como la Torá, sino que también se refería al resto de los libros que se habían incluido en las Escrituras hasta entonces, también los Salmos. "La Ley" era un término genérico para toda la colección, refiriéndose a un rango más amplio de libros que tan solo los que estipulaban las reglas y regulaciones.

Después Jesús dijo del salmista y la audiencia original del salmista: *"Si a aquellos, a quienes vino la palabra de Dios…"*. Así, podemos ver que Jesús reconoció que los Salmos y el resto de las Escrituras conocidas eran la *"palabra de Dios"*. Este simple término revela mucho. Muestra que las verdades expresadas en la Escritura no tienen su origen en los hombres sino que son inspiradas por Dios. Aunque Dios ha usado muchos instrumentos humanos para componer la Biblia, hay realmente una fuente principal. Por eso

---

25. Muchos otros pasajes bíblicos dejan claro que "la ley" es equivalente a "Escrituras", como Juan 8:17; 12:34; 15:25; Romanos 3:19; 1 Corintios 14:21.

se llama la Palabra de Dios, no la palabra de Juan, la palabra de Pedro, la palabra de Isaías, etcétera. Es la Palabra de Dios mismo.

Así, en dos frases relacionadas, Jesús se refirió a la *"Ley"*, *"la palabra de Dios"* y *"la Escritura"*, todas ellas como equivalentes. La palabra *"Escritura"* significa "lo que está escrito". De esto, aprendemos que la Biblia no contiene todo el conocimiento de Dios sino más bien es la parte autoritativa de las muchas palabras dichas por Dios a la humanidad que se han registrado de forma escrita.

Me parece muy interesante ver que Jesús añadió *"y la Escritura no se puede violar"*. Esa breve frase contiene en sí misma toda reivindicación de autoridad suprema y divina que se pueda hacer jamás a favor de la Biblia. No significa solamente que las verdades sean inquebrantables e inmutables. Significa, por ejemplo, que si usted quebranta uno de los Diez Mandamientos, no ha causado daño alguno a la Palabra de Dios. La Escritura es tan inquebrantable que le quebranta a *usted* si usted intenta quebrantar sus verdades. Usted no puede cambiar la Palabra de Dios. Su autoridad es absoluta. No puede superarla. Desobedecerla trae consecuencias. ¡No olvide eso!

Las verdades expresadas en la Escritura no tienen su origen en los hombres sino que son inspiradas por Dios.

Inspirada por el Espíritu Santo

Toda la Palabra de Dios ha sido inspirada directamente por el Espíritu de Dios. Como leímos en la carta de Pablo a Timoteo (se estaba refiriendo solamente a nuestro Antiguo Testamento, ya que el Nuevo Testamento se estaba apenas comenzando a escribir): *"Toda la Escritura es inspirada por Dios, y útil para enseñar, para redargüir, para corregir, para instruir en justicia"* (2 Timoteo 3:16, RVR-1960). La palabra traducida por *"inspirada por Dios"* es la palabra griega *theopneustos*, que significa "divinamente soplada", "soplada por Dios". *Theopneustos* se deriva de otras dos palabras griegas: *theos*, que significa "Dios", y *pneo*, que significa "soplar" o "respirar fuerte". La palabra *pneo* también está conectada con la palabra griega para "espíritu", *pneuma*, que significa literalmente "viento" o "respiración". El Espíritu Santo es la influencia invisible e inerrante que controló y dirigió a los hombres que escribieron los diferentes libros que colectivamente llamamos la Biblia.

Repito: este Libro inspirado por el Espíritu eliminará lo torcido de nuestras vidas. Enderezará el curso e impedirá que nos desviemos del camino de justicia. La luz viene a su alma cuando usted lee las palabras de la Biblia. Si la aparta y deja de mirarla, la oscuridad puede volver a entrar en su alma; pero cuanto más ponga este Libro delante de usted, más entrenamiento en justicia recibe.

¿Cuántos de nosotros hemos dicho algo como lo siguiente: "Señor, me encantaría tener un mentor que me ayudara"? Pues bien, permítame recomendarle a Isaías como un mentor. Y Moisés. Y Elías. Y una señora mayor llamada Ana, acerca de la cual puede leer en el evangelio de Lucas. Y varios miembros de la iglesia primitiva, cuyas vidas modelan piedad en las páginas de los Hechos de los Apóstoles y las epístolas a las varias iglesias.

Cuando pienso en los mentores de mi propia vida, la mayoría de ellos no han estado físicamente presentes conmigo. Mis principales mentores han sido los autores de libros, y eso incluye los libros de la Biblia. Puedo hacer esta declaración honestamente, aunque mi vida ha estado llena de la presencia de muchos hombres y mujeres de Dios ungidos. Ninguno de ellos me ha mentoreado mejor que la gente de la Biblia, colectivamente, lo cual significa que la Palabra misma es mi Mentora. De hecho, la Biblia es mi amiga. Permítame contarle una historia respecto a esto.

Hace años, cuando formaba parte de la plantilla de personal de una gran iglesia en Kansas City, Missouri, terminé una sesión de consejería en una oficina de un segundo piso. (Solía ir de un lado a otro en lugar de tener una sola oficina central). Cuando vacié la sala, me dejé sin darme cuenta mi Biblia de piel marrón *New American Standard* en esa sala. Me encantaba esa Biblia. La leía día y noche. Estaba toda subrayada, y ninguna otra Biblia era como "mi" Biblia. Era mi compañía constante.

Después, cuando no pude encontrar mi Biblia, me sentí perdido. Intenté leer otras Biblias, pero no era lo mismo. Aparentemente sin tener otra opción, intenté mirar hacia delante y adaptarme a otra versión. Semanas después, resulta que regresé a esa oficina en el piso de arriba. Y allí estaba mi Biblia. Estaba ahí donde yo la había dejado. Me acuerdo de recoger esa Biblia desgastada con el nombre Moody grabado en su lomo, salir al pasillo y alabar a Dios en voz alta. Besando mi Biblia, y lleno de alegría, exclamé: "¡Encontré a mi amiga! ¡Encontré a mi amiga! ¡Encontré a mi amiga!".

Verá, mi Biblia era y es mucho más que un libro para mí. Era y es mi amiga y compañera de vida.

Impulsados por el Espíritu Santo

El Espíritu Santo no solo inspiró la Palabra escrita, sino que también inspira palabras frescas hasta el día de hoy. Tales palabras nunca tienen el mismo nivel de autoridad que la Palabra escrita, pero eso no las invalida. Es solo que, como escribieron Pedro y Juan, el Espíritu debe verificar cualquier palabra de Dios y ayudarnos a entenderla.

> *Ante todo, tengan muy presente que ninguna profecía de la Escritura surge de la interpretación particular de nadie. Porque la profecía no ha tenido su origen en la voluntad humana, sino que los profetas hablaron de parte de Dios, impulsados por el Espíritu Santo.* (2 Pedro 1:20–21, NVI)

*Amados, no creáis a todo espíritu, sino probad los espíritus
para ver si son de Dios, porque muchos falsos profetas han
salido al mundo.*   (1 Juan 4:1)

Por nosotros mismos, no podemos interpretar ni tan siquiera nuestras propias inspiraciones del Espíritu. Necesitamos una confirmación y dirección de la Palabra escrita, la cual podemos confiar que es totalmente dirigida por Dios. La palabra griega en el pasaje de 2 Pedro que se traduce como *"impulsados por"* también se puede traducir como "dirigieron su rumbo mediante [su rumbo fue dirigido por]" o "llevados por". Es como navegar: sin el viento (podríamos decir Viento), el velero no va a ningún sitio.

Dios controló a los "canales" humanos que escribieron la Escritura mediante la interacción de su Espíritu divino y las facultades espirituales, emocionales, mentales y físicas de ellos. Cuando el Espíritu sopló en ellos, fueron llevados fuera de la esfera de lo natural y entraron en lo sobrenatural. Navegaron hasta la revelación.

La Palabra purificada

Cuando se escribieron los Salmos, la gente había estado mucho tiempo creando objetos valiosos hechos de plata. Cuando la plata salía de la tierra, estaba impura, mezclada con otros elementos. Después de ser minada, cada nódulo se purificaba en un horno de arcilla. David tenía eso en mente cuando escribió esta frase acerca de las palabras de Dios:

Las palabras de Jehová son palabras limpias, como plata refinada en horno de tierra, purificada siete veces.
                                             (Salmos 12:6, RVR-1960)

El horno hecho de tierra (arcilla) representa el elemento humano, mientras que la plata representa el mensaje divino. El fuego asegura una pureza absoluta de la plata, es decir, el mensaje, y la nota *"siete veces"* indica la obra completa y perfecta del Espíritu

Santo. (El siete se considera el número de término o perfección). Como recordará por las lenguas de fuego del día de Pentecostés, el Espíritu Santo se puede representar como un fuego ardiente, y también como un viento. Las palabras purificadas por el fuego del Espíritu son perfectamente puras. Por lo tanto, el Espíritu Santo, mientras ardía dentro de los corazones humanos, prevaleció ante las fragilidades y los errores humanos a la hora de producir el mensaje divino de la Escritura.

La coherencia de la Escritura

Se ha afirmado, la Palabra del Señor: *"Para siempre, oh Señor, tu palabra está firme en los cielos"* (Salmos 119:89). Cuando el salmista escribió esa línea, quiso enfatizar que la Palabra de Dios no es un producto del tiempo sino de la eternidad. La eternidad va hacia ambos lados, desde Génesis 1 (y más allá), y hacia delante hasta el drama celestial del Apocalipsis de Juan (y más allá).

Este fue también el testimonio de Jesús. Él dijo: *"El cielo y la tierra pasarán, mas mis palabras no pasarán"* (Mateo 24:35). Incluso si todos los elementos del cielo o la tierra pasan, sus palabras permanecerán firmes; ellas no se pueden destruir, sino que soportan todas las pruebas del tiempo y la eternidad. Ningún evento catastrófico o interpretación ignorante puede destruir las palabras de Dios. Para siempre, estas permanecen como la norma de vida.

Era tanta la confianza de Jesús en la eficacia y fortaleza de la Palabra escrita, que seleccionó ciertos versículos para reducir las engañosas tentaciones de Satanás. Durante su estancia de cuarenta días en el desierto, confrontó las tentaciones del diablo con citas directas de la Escritura. Cada vez, Él dijo: *"Escrito está..."* y después citó una frase del libro de Deuteronomio. (Véase Mateo 4:1–11; Lucas 4:1–13).

Incluso Satanás no negó la absoluta autoridad de la Escritura. Esto nos muestra que el peor mal está sometido a la Palabra de

Dios, lo cual deberían ser buenas noticias para los que se adhieren a la Escritura. ¿Es debido a que hay magia en esas palabras concretas? De ningún modo. Es porque hay un Dios en el cielo que se sienta en el trono del universo, y Él es el Autor de las palabras de este Libro. Su autoridad invencible respalda la Palabra de Dios. La Biblia no es tan solo una colección de buenas enseñanzas, aunque sí es eso. Tiene poder tanto escrita como hablada.

La invencible autoridad de Dios respalda su Palabra.
Incluso el peor mal está sometido a ella.

Verá, Jesús no diferenció entre la autoridad de los libros bíblicos según su edad o su atribución a un autor humano en particular. Tampoco dejó de lado las palabras antiguas en favor de nuevos escritos. En su Sermón del Monte, lo dijo así:

> *No penséis que he venido para abrogar la ley o los profetas; no he venido para abrogar, sino para cumplir. Porque de cierto os digo que hasta que pasen el cielo y la tierra, ni una jota ni una tilde pasará de la ley, hasta que todo se haya cumplido.*
> (Mateo 5:17–18, RVR-1960)

Jesús estaba diciendo que el texto original de la Escritura hebrea es tan preciso y tiene tanta autoridad que ni tan siquiera una jota ni una tilde de la pluma del escriba puede cambiarlo. Ni la letra más pequeña ni un punto pasará de la ley hasta que toda ella sea cumplida, porque Jesús ha venido como Mesías para cumplirla. En el alfabeto hebreo, la *"jota"* es la letra más pequeña de todas. Se parece a una coma invertida. Y una *"tilde"* indica un pequeño trazo que es incluso más pequeño que una jota. Incluso las jotas y tildes permanecerán, no se pueden borrar o alterar, hasta que todo el plan de Dios se haya llevado a cabo. La Escritura y su Autor juntos son la fuente absoluta de vida. Siempre que la gente o las culturas se desvían de Dios, sufren riesgo de derrumbarse; están sobre arenas movedizas.

Una vez tras otra, Jesús usó la fortaleza de la autoridad de la Palabra contra sus enemigos, y ellos no pudieron refutarlo. Una vez, unos saduceos estaban intentando atraparle en cuanto a algunos puntos de la Ley. Pensaban que le habían atrapado en el asunto de la resurrección de los muertos, algo que ellos rehusaban creer rotundamente. (Ellos siempre me recuerdan a las personas de hoy día que relegan la esfera de lo sobrenatural a la categoría de cuentos de hadas). Ellos eran buenos judíos de su tiempo, y eran líderes religiosos. Conocían su Torá. Así que Jesús citó de algo que ellos conocían, el libro de Éxodo, empezando en medio del relato de Moisés y la zarza ardiente, que dice: *"Yo soy el Dios de tu padre, el Dios de Abraham, el Dios de Isaac y el Dios de Jacob"* (Éxodo 3:6). Así es como Jesús usó la cita:

> *Y en cuanto a la resurrección de los muertos, ¿no habéis leído lo que os fue dicho por Dios, cuando dijo: "Yo soy el Dios de Abraham, y el Dios de Isaac, y el Dios de Jacob"? El no es Dios de muertos, sino de vivos."*   (Mateo 22:31–32)

Usando la frase *"os fue dicho por Dios"*, Jesús de nuevo confirmó y autentificó el Antiguo Testamento como la Palabra de Dios. Citó un pasaje que tenía quince siglos de antigüedad pero que no había perdido ni un ápice de su vitalidad, precisión, autoridad o eficacia. Lo citó sin cambiar ni una jota ni una tilde.

Respecto a los desafíos del grupo rival de los saduceos, los fariseos, Jesús una vez respondió a sus preguntas respecto al divorcio. ¿Qué pensaba Dios de ello? ¿Cuál era la verdad? De nuevo, Jesús se refirió a la Escritura que ellos tan bien conocían. Comenzó diciendo: *"¿No habéis leído...?* Refiriéndose al libro de Génesis indirectamente:

> *¿No habéis oído que aquel que los creó, desde el principio los hizo varón y hembra, y añadió: "Por esta razón el hombre*

dejara a su padre y a su madre y se unirá a su mujer, y los
dos serán una sola carne"? Por consiguiente, ya no son dos,
sino una sola carne. Por tanto, lo que Dios ha unido, ningún
hombre lo separe. (Mateo 19:4–6)

"En el principio" fue el título hebreo del libro de Génesis, así
que los que interrogaban a Jesús sabían de lo que estaba hablando,
y al decir: *"Aquel que los creó, desde el principio...añadió..."*. Jesús
nuevamente estaba verificando que cada detalle de las Escrituras
debería considerarse Palabra de Dios. Él se mantuvo totalmente
coherente en su uso de la Palabra escrita como la autoridad final
sobre cada asunto, ya fuera para resistir la tentación, hacer frente a
la persecución o refutar a los oponentes en un debate.

"Para que se cumpliese la Escritura"

En el capítulo previo de este libro, y también los capítulos 4 y
5, le di ejemplos de palabras proféticas del Antiguo Testamento
que se cumplieron claramente en la vida, ministerio, muerte, sepultura y resurrección de Jesús. Me parece destacable la forma en
que esas antiguas palabras se pueden asociar de forma tan perfecta
con eventos posteriores, demostrando así la validez de la Palabra.
Incluso sin haber visto aún un cumplimiento particular con nuestros propios ojos, podemos confiar en que las palabras que lo presagian son ciertas.

Este fue un punto de referencia definitivo para Jesús. Piense,
por ejemplo, en la ciudad que Él escogió como su base. Mateo
4:12–17 nos cuenta acerca de los comienzos de su ministerio,
cuando se fue a Galilea, dejando atrás Nazaret y asentándose en
la región de Capernaúm. Mateo menciona que esto fue el cumplimiento de Isaías 9:1–2, que designó ese lugar en concreto como
uno al que llegaría el Mesías, describiendo también la misión de
Cristo de brillar como una luz en las tinieblas.

Jesús conocía todas las Escrituras que le señalaban como el Mesías, y como dijimos previamente, después de su resurrección las citó en el camino de Emaús a dos de sus desalentados discípulos, que aún no habían reconocido quién era Él. *"Y comenzando por Moisés y continuando con todos los profetas, les explicó lo referente a El en todas las Escrituras"* (Lucas 24:27).

Los profetas cuyas palabras están narradas en el Antiguo Testamento predijeron específicamente y precisamente cada uno de los siguientes incidentes en la temprana vida de Jesús el Mesías: su nacimiento de una madre virgen en Belén, su viaje a Egipto, su casa en Nazaret, su unción por el Espíritu Santo, su ministerio en Galilea, su sanidad de los enfermos, el rechazo de los judíos de su enseñanza y sus milagros, su uso de las parábolas, el que le traicionara un amigo, el que sus discípulos le abandonaran, que le odiaran sin causa alguna, que fuera contado entre los criminales, que otros se repartieran a suertes sus ropas, que le ofrecieran vinagre para saciar su sed en la cruz, que su cuerpo fuera atravesado sin que rompieran sus huesos, su entierro en la tumba de una persona rica, y su resurrección de los muertos al tercer día. La mayoría de estos cumplimientos proféticos le resultarán familiares, especialmente por haber repasado tantos de ellos en los capítulos 4 y 5 de este libro. Una y otra vez, la Palabra demuestra ser cierta.

Puede confiar en el Dios de la Palabra

La vida terrenal de Jesús estuvo guiada en todos los aspectos por la autoridad e influencia profética de la Palabra de Dios. La Palabra de Dios es cohesiva, completa y determinante. Desde Génesis a Apocalipsis, despliega la naturaleza y las consecuencias del pecado, junto con la forma de liberar del pecado y sus consecuencias: mediante la fe en el Señor Jesucristo. Al prestar atención a estas palabras y obedecerlas, encontramos y recibimos una vida veraz, abundante y eterna.

Que la coherencia y fiabilidad de las Escrituras le animen cuando piense en conocer mejor a Dios, porque Él obviamente *se da a conocer* de innumerables formas, y la Biblia es uno de sus principales medios. Él no se está escondiendo o manteniéndose remoto o en secreto.

En vez de menospreciar la Palabra escrita por la apatía o ignorancia de su valor, debemos devorarla si queremos conocer a su Autor. Que la Palabra de Dios sea su compañera y amiga. Créame, siempre habrá algo nuevo que descubrir en ella, ¡durante el resto de su vida!

Sin duda, buenas noticias. Usted tiene toda una vida para pasar conociendo a Dios al conocer su Palabra.

10

Hambre de cada una de sus palabras

Como el pan de vida nosotros lo comemos,
nos alimentamos de ello. Al comer nuestro pan diario el
cuerpo recibe su alimento, cuya naturaleza visible,
el sol y la tierra, prepararon para nosotros en la semilla
de maíz. Lo asimilamos, y se convierte en nuestro, en
parte de nosotros mismos; es nuestra vida.
Al alimentarnos de la Palabra de Dios los poderes de la
vida celestial entran en nosotros, y se convierten en algo
nuestro; los asimilamos, se convierten en parte de
nosotros mismos, la vida de nuestra vida.[26]
—Andrew Murray

Al final del capítulo anterior, declaré que debemos *devorar* la
Palabra de Dios si queremos conocer mejor a Dios. Creo que
no lo dije con la suficiente fuerza. Pregúntese: "¿Estoy *así* de hambriento por la Palabra?". Si no se muere de hambre por más, pídale
a Dios que le dé un mayor deseo. Si no tiene el hambre suficiente,

---

26. Andrew Murray, *The Best of Andrew Murray* (Grand Rapids, MI: Baker Book House, 1994), 46.

no comerá suficiente. De nuevo, la gente hambrienta debe comer. Y así como comer alimentos nutritivos diariamente le hace estar físicamente fuerte y sano, absorber la Palabra de Dios diariamente le renueva espiritualmente.

Podría empezar leyendo algo como un "entrante". Lea este capítulo para ayudarle a aumentar su hambre por la Palabra de Dios. Es muy bueno para usted poder afinar su oído para Dios y acercarse a Él, atesorando su Palabra en su corazón. Su hambre espiritual hará que su lectura y estudio de su Palabra, orar y buscarle sean un deleite para usted. La más estricta obligación no proporcionará o sostendrá el mismo grado de motivación. Los cristianos que tienen la actitud que dice: "tengo que", nunca recibirán mucho de la Palabra de Dios. Sin embargo, si está hambriento de la Palabra, automáticamente se convertirá en alguien más relacional. Cuando quiera más de algo, estará dispuesto a emplear algo de energía para conseguirlo. Se acercará a la Palabra y a Dios mismo para satisfacer su necesidad, y estará agradecido con Él cuando reciba algo. En el trato, llegará a conocer a Dios un poco mejor cada vez que consuma otro bocado de la equilibrada comida que Él le ofrece.

Encontrar a Jesús en cada libro de la Biblia

Quizá ha suprimido o redirigido su hambre espiritual. Quizá no entendió que su anhelo de satisfacción podía quedar satisfecho en Dios, así que ha pasado la mayor parte de su vida intentando encontrar felicidad en las relaciones humanas, el entretenimiento, y/o una carrera. Posiblemente, el último lugar en el que usted esperaría encontrar gratificación para su dolor interior sería un libro grueso con una pasta negra que aparentemente no tiene mucho sentido para usted.

Por supuesto, probablemente ha oído varias objeciones a lo de leer la Biblia; quizá usted mismo haya expresado algunas de ellas, como las siguientes: "Es muy difícil de entender". "¿A quién le importan todos esos linajes y genealogías?". "¿Para qué leer el libro de Levítico si todas esas reglas ya no son aplicables hoy?". "Todo el libro es como, ¿qué?". "Es muy aburrido". "Ese libro de Job, qué lata". "Realmente no veo para qué preocuparse tanto. Nunca saco nada de la Biblia, lo siento".

Yo, también, en un tiempo pensaba que nunca sacaba nada de algunos libros de la Biblia. Pero estoy aquí para decirle que he encontrado a Jesús en cada uno de ellos, incluso en los que parecían más improbables. Créame, cualquiera que quiera conocer mejor a Dios le encontrará de una forma muy directa y sencilla en las páginas de este Libro. De hecho, cualquier intento de entender a Dios y sus caminos *sin* la Palabra de Dios es en vano. La Biblia es la revelación de Dios de sí mismo a la humanidad.

La Biblia es su guía. Le dice: "Así es como se camina, se habla, se ora. Así es como usted 'vive'. Lea esto y vivirá una vida larga y victoriosa". Es como una carta de amor extendida de su Padre en el cielo. Realmente lo es.

Si no me cree, ¡puede comenzar a leerla por usted mismo para demostrarme que estoy equivocado!

Cualquiera que quiera conocer mejor a Dios le encontrará de una forma muy directa y sencilla en las páginas de la Biblia.

Dedique un minuto

Dediquemos un minuto a repasar lo que hablamos en el capítulo anterior: la Biblia es un registro de las palabras de Dios a los seres humanos, escrita por hombres que fueron *"impulsados por el Espíritu Santo"* (2 Pedro 1:21, NVI). Como es la Palabra de Dios y no la palabra de humanos, su poder y autoridad surgen de Dios mismo. Sus palabras llevan toda la integridad y fiabilidad de Dios. *"Toda Escritura es inspirada por Dios"* (2 Timoteo 3:16); lleva el aliento de Dios.

¿Cómo está compuesto este Libro? A continuación doy un repaso rápido al "Mejor libro jamás escrito". Es una colección de sesenta y seis libros que fueron escritos aproximadamente por unos cuarenta y cuatro autores durante un periodo de tiempo de 1.600 años. Los libros han sido dividido en dos partes: el Antiguo y el Nuevo Testamento. El Antiguo Testamento contiene treinta y nueve libros; su contenido cubre el periodo de tiempo desde la creación del mundo hasta el regreso de los israelitas del exilio babilónico. El Nuevo Testamento contiene veintisiete libros; estos cubren el tiempo desde el nacimiento de Jesús hasta el final del primer siglo (con el último libro, Apocalipsis, presagiando nuestro tiempo presente y el tiempo venidero).

El Antiguo Testamento

Los treinta y nueve libros del Antiguo Testamento se pueden dividir en cinco grandes categorías: (1) la ley, o el Pentateuco (los cinco libros escritos por Moisés); (2) historia; (3) poesía y sabiduría; (4) los profetas mayores; y (5) los profetas menores. Estos libros contienen la historia de los tratos de Dios con su pueblo escogido, los israelitas, y están reconocidos por los judíos hasta este día como sus Escrituras, la Palabra sagrada de Dios para el pueblo judío.

Esta es una lista de los nombres de los libros que entran en cada una de las cinco categorías:

LA LEY (PENTATEUCO)

Génesis	Números
Éxodo	Deuteronomio
Levítico	

HISTORIA

Josué	1 y 2 Crónicas
Jueces	Esdras
Rut	Nehemías
1 y 2 Samuel	Ester
1 y 2 Reyes	

POESÍA Y SABIDURÍA

Job	Eclesiastés
Salmos	Cantar de los cantares
Proverbios	

PROFETAS MAYORES

Isaías	Ezequiel
Jeremías	Daniel
Lamentaciones	

PROFETAS MENORES

Oseas	Nahúm
Joel	Habacuc
Amós	Sofonías
Abdías	Hageo
Jonás	Zacarías
Miqueas	Malaquías

La mayor parte del Antiguo Testamento fue escrito originalmente en hebreo (un lenguaje semítico parecido al árabe). Pequeñas partes de Esdras y Daniel y un versículo de Jeremías se escribieron en arameo, otra lengua semítica que era el lenguaje de Palestina en el tiempo de Jesús.

Es de destacar que la verificación de los detalles históricos narrados en el Antiguo Testamento sigue subiendo en el registro arqueológico. Un ejemplo significativo tiene que ver con los heteos, un grupo de personas mencionados cuarenta y siete veces en el Antiguo Testamento pero que no se mencionan por ese nombre en ninguna otra inscripción antigua. A finales del siglo XIX, los eruditos escépticos solían señalar a este reino "mítico" como prueba de que no se podía confiar en la Biblia como un registro de la historia. Más adelante, en 1906, un arqueólogo alemán desenterró las ruinas de una gran ciudad en la actual Turquía que demostraban haber sido la capital del vasto imperio heteo. El relato del Antiguo Testamento había sido reivindicado.[27] El descubrimiento de este tipo de prueba arqueológica ha ocurrido una vez tras otra.

Es útil saber un poco de historia de cómo se compuso la Biblia. Aunque, al principio, las revelaciones de Dios se transmitían mediante la tradición oral, después Dios ordenó que se escribiera lo que Él había dicho: *"Entonces el Señor dijo a Moisés: Escríbete estas palabras; porque conforme a estas palabras he hecho un pacto contigo y con Israel"* (Éxodo 34:27). Posteriormente, eventos y personas significativos de la historia de Israel quedaron grabados mediante un registro escrito, junto con lo que Dios hizo o habló a través de los profetas. (Véase, por ejemplo, Números 33:2; Deuteronomio 17:18; Josué 24:26; 1 Samuel 10:25; Isaías 8:16; Jeremías 36:2). Estos escritos se convirtieron en las Santas Escrituras para el pueblo de Dios, y Dios esperaba que las honrasen como tales. (Véase, por ejemplo, Josué 1:8; Salmos 1:2). Se han transmitido hasta la fecha y siguen siendo sagradas tanto para judíos como para cristianos.

Cuando usted lee cualquier parte del Antiguo Testamento, es importante darse cuenta de que todos los libros en él (incluso la

---

27. Merrill F. Unger, *Unger's Bible Dictionary* (Chicago: Moody Press, 1966), 576–577.

historia antigua) miran *hacia delante*. Cuando Adán y Eva pecaron, Dios prometió un Redentor. (Véase Génesis 3:15). Los profetas siguieron dando detalles de la vida del esperado Mesías venidero. Aunque algunos de los libros apenas hacen alusión a Jesús, sin embargo, puede encontrarle en cada uno de los treinta y nueve libros del Antiguo Testamento, si sabe qué buscar. En otras palabras, el Antiguo Testamento por lo general se puede resumir como la historia de la nación de Israel, declarando siempre la promesa de Dios de que Él enviaría un Redentor para comprar la salvación del pueblo que "andaba en tinieblas".

Entre otras cosas, esto sin duda alguna nos muestra el corazón del Padre. Él ha estado anhelando desde los primeros días un pueblo que pudiera llamar suyo, y Él ha sido increíblemente generoso al darse a sí mismo por causa de los seres humanos pecaminosos.

Todos los libros en el Antiguo Testamento miran hacia delante, al Mesías venidero.

El Nuevo Testamento

Ocho o nueve autores escribieron los veintisiete libros del Nuevo Testamento durante un periodo de unos cincuenta años. El Nuevo Testamento se puede dividir en cinco tipos de libros: (1) los evangelios; (2) la historia de la iglesia primitiva; (3) las epístolas (cartas) de Pablo; (4) las epístolas generales (cartas escritas por otros); y (5) profecía. Los evangelios (Mateo, Marcos, Lucas y Juan) narran las circunstancias de la vida temprana de Jesús, junto con muchas de sus enseñanzas. El segundo libro de Lucas, los Hechos de los Apóstoles, narra la historia de la iglesia primitiva. Las epístolas son cartas de algunos de los apóstoles a varias iglesias e individuos, principalmente explicando doctrinas cristianas.

Apocalipsis es el relato de Juan de una visión de los últimos tiempos que recibió mientras estaba exiliado en la isla de Patmos.

Así es como se organizan los libros:

LOS EVANGELIOS

Mateo	Lucas
Marcos	Juan

HISTORIA DE LA IGLESIA PRIMITIVA

Hechos de los apóstoles

LAS EPÍSTOLAS DE PABLO

Romanos	Colosenses
1 y 2 Corintios	1 y 2 Tesalonicenses
Gálatas	1 y 2 Timoteo
Efesios	Tito
Filipenses	Filemón

LAS EPÍSTOLAS GENERALES

Hebreos	1, 2 y 3 Juan
Santiago	Judas
1 y 2 Pedro	

PROFECÍA

Apocalipsis

Todos estos libros se escribieron en griego, que era la lengua franca (lenguaje común) de los países mediterráneos orientales. Los apóstoles y otros usaron el griego koiné, de donde surgió el lenguaje griego actual. El griego koiné ya no se usa actualmente salvo en el estudio de los manuscritos antiguos. Por lo tanto, los significados y usos de sus palabras han estado esencialmente congelados en el tiempo, lo cual se puede ver como una ventaja cuando surgen disputas en cuanto a los significados precisos de la terminología bíblica (porque los significados de las palabras no pueden haber cambiado con el paso del tiempo debido al uso continuado).

El griego era la lengua predominante del imperio romano, aunque la gente de Palestina, incluyendo a Jesús, hablaba hebreo y arameo entre ellos. La región era multicultural, y el pueblo era multilingüe. Las personas con estudios hablaban y entendían el griego con fluidez, y muchos podían leerlo y escribirlo. Este lenguaje común resultó ser una herramienta de un valor incalculable para la primitiva y rápida propagación del mensaje del evangelio tanto a través de medios escritos como orales.

Deberíamos recordar que el primer "versículo" del Nuevo Testamento que alguien recibió en esos días fue oral, cuando los creyentes predicaban el mensaje del evangelio y volvían a narrar la historia en desarrollo de la obra del Espíritu Santo. Solo más adelante, las varias traducciones escritas comenzaron a considerarse igual de autoritativas que el resto de la Escritura. Jesús y la iglesia primitiva aplicaban el término "Escritura" solo a los libros de nuestro Antiguo Testamento. No obstante, cuando Pablo elogió a los que recibieron su enseñanza como palabra divinamente inspirada de Dios y *"no como la palabra de hombres"* (1 Tesalonicenses 2:13), casi seguro que se estaba refiriendo a sus enseñanzas verbales. Además, en su segunda carta, Pedro se refirió a las epístolas de Pablo como Escritura: *"Todas sus [Pablo] cartas se refiere a estos mismos temas. Hay en ellas algunos puntos difíciles de entender, que los ignorantes e inconstantes tergiversan, **como lo hacen también con las demás Escrituras**, para su propia perdición"* (2 Pedro 3:16, NVI).

Las primeras partes del Nuevo Testamento en escribirse fueron epístolas, especialmente las que compuso Pablo durante sus viajes. La mayoría de las cartas a varias iglesias e individuos se escribieron entre mitad de la década del año 40 hasta mitad de la década del 60. Los evangelios se compusieron entre los años del 60 al 100 aproximadamente, narrados en base a los inspirados recuerdos de quienes habían caminado con Jesús cuando estuvo en la tierra (o, como es el caso de Lucas, alguien que había caminado con Pablo). Estos recuerdos se habían mantenido frescos mediante muchas transmisiones verbales, y en una cultura donde se confiaba en la comunicación verbal más que en la comunicación escrita, la retención de la gente de la información verbal era mucho mayor que la nuestra hoy día, lo cual es otra razón por la que podemos confiar en la precisión de estas palabras vitales. Se cree por lo general que todo el Nuevo Testamento se había escrito con tinta en papiros o pergaminos al final del primer siglo después de Cristo.

Sí...por supuesto, las cartas y los libros del Nuevo Testamento se escribieron a mano. Esto fue mucho antes de que se inventara la imprenta. Incluso el papel como lo conocemos hoy no existía. Cada copia de un manuscrito se tenía que hacer a mano. Y se hacía de forma libre; era una práctica común entre las iglesias del primer siglo compartir e intercambiar cartas que los apóstoles habían escrito. De hecho, esta práctica la fomentó el mismo Pablo en su carta a los creyentes en la iglesia en Colosas, a quienes escribió: *"Una vez que se les haya leído a ustedes esta carta, que se lea también en la iglesia de Laodicea, y ustedes lean la carta dirigida a esa iglesia"* (Colosenses 4:16, NVI).

Gradualmente, cada iglesia local comenzó a acumular copias de los varios escritos de los apóstoles. Para "leerlas", la gente tenía que reunirse para oír cómo las leían en voz alta. Por eso Pablo exhortó a Timoteo a asistir a la lectura pública de las Escrituras, lo cual, claro está, habría incluido tanto la Escritura antigua como los manuscritos más recientes: *"Entretanto que llego, ocúpate en la lectura de las Escrituras, la exhortación y la enseñanza"* (1 Timoteo 4:13).

Durante siglos, nadie poseía una Biblia personal, mucho menos una Biblia personal de bolsillo. (Aún no tenían bolsillos tampoco,

¡pero ese es otro asunto!) Obviamente, no había teléfonos inteligentes con aplicaciones que ponen las Escrituras en múltiples traducciones a su disposición. Incluso después de la invención de la imprenta de Gutenberg en el siglo XV, las Biblias eran tan valiosas y raras que la mayoría de las comunidades solo tenían una, y a menudo estaba encadenada a un atril en la iglesia para salvaguardarla.

Tan solo deténgase y piense durante un minuto, a la luz de la avalancha de Biblias que tenemos disponibles en nuestros días. ¿Cuántas Biblias tiene en su hogar? ¿Lo sabe? Nunca he contado cuántas tengo yo solamente en las estanterías de mi casa; y esto no incluye las versiones digitales y en línea a las que tengo acceso. Somos muy informales respecto a este tesoro, ¿no es así? Ahora podemos leer la Palabra en nuestro propio lenguaje siempre que queramos, en vez de tener que caminar hasta el edificio de la iglesia local para esperar a la lectura pública. Celebre la riqueza de la Palabra, ¡tómese un descanso para leer la Biblia en este momento!

Revelación progresiva

Sería negligente si no añadiera unas palabras acerca de la importancia de interpretar el Antiguo Testamento a la luz del Nuevo. El Antiguo Testamento a menudo no se puede entender sin conocer la revelación que nos da el Nuevo Testamento acerca de Cristo. En otras palabras, la Biblia es una revelación progresiva acerca de Dios.

Hemos establecido el hecho de que el Antiguo Testamento está cargado de indicaciones proféticas que presagian la venida del Mesías en un tiempo futuro. Cuando llegamos al Nuevo Testamento, los evangelios detallan la llegada del Mesías, y las epístolas cuentan lo que Él logró mediante su muerte y resurrección, mientras despliegan también una manera de vivir basada en la presencia continua de su Espíritu. Los hombres proféticos que escribieron el Antiguo Testamento bajo la inspiración del Espíritu Santo no podían entender plenamente lo que habían escrito, porque el Cristo aún no había sido revelado. (Véase 1 Pedro 1:10–12). Nadie que leyera las declaraciones del Antiguo Testamento podría haber descifrado todo su significado sin saber acerca de Cristo Jesús.

El Antiguo Testamento a menudo no se puede entender sin conocer la revelación que nos da el Nuevo Testamento acerca de Cristo.

¿Recuerda la historia acerca del eunuco etíope? (Véase Hechos 8:26–40). Ilustra perfectamente lo que quiero decir. El etíope, que era un judío devoto, estaba intentando entender el significado de Isaías 53, lo cual era algo que le tenía totalmente intrigado. Necesitaba la ayuda de alguien con un conocimiento de quién era el Mesías. Dios se acercó hasta él.

Enviado por un ángel de Dios, el discípulo llamado Felipe corrió para ponerse a la altura del carro del eunuco que avanzaba a buen paso, mientras leía en voz alta de Isaías en ese preciso momento.

> *Cuando Felipe se acercó corriendo, le oyó leer al profeta Isaías, y le dijo: ¿Entiendes lo que lees? Y él respondió: ¿Cómo podré, a menos que alguien me guíe? E invitó a Felipe a que subiera y se sentara con él. El pasaje de la Escritura que estaba leyendo era éste: Como oveja fue llevado al matadero; y como cordero, mudo delante del que lo trasquila, no abre el su boca. En su humillación no se le hizo justicia; ¿quien contara su generación? Porque su vida es quitada de la tierra. El eunuco respondió a Felipe y dijo: Te ruego que me digas, ¿de quién dice esto el profeta? ¿De sí mismo, o de algún otro? Entonces Felipe abrió su boca, y comenzando desde esta Escritura, le anunció el evangelio de Jesús.*   (Hechos 8:30–35)

Felipe usó la profecía de Isaías como un punto de lanzamiento para hablarle al hombre de Jesús, el Cordero de Dios que murió por él. El corazón del eunuco etíope ardía. El amor de Dios se volvió vivo para él, todo porque alguien había interpretado las antiguas palabras a la luz de lo nuevo. ¡Este extraño que se había unido a él *conocía* a este Hombre acerca del que escribió Isaías! La respuesta del etíope fue inmediata:

> *Yendo por el camino, llegaron a un lugar donde había agua; y el eunuco dijo: Mira, agua. ¿Qué impide que yo sea bautizado? Y Felipe dijo: Si crees con todo tu corazón, puedes. Respondió él y dijo: Creo que Jesucristo es el Hijo de Dios. Y mandó parar el carruaje; ambos descendieron al agua, Felipe y el eunuco, y lo bautizó.* (Hechos 8:36–38)

¿Acaso no es emocionante? ¡La revelación progresiva es muy rica! El conocimiento de Dios aumenta sustancialmente cuando usted añade al Jesús del Nuevo Testamento a las palabras y visiones veladas del Antiguo Testamento.

El objetivo: "Lea su Biblia hasta que ella le lea a usted"

"Lea su Biblia hasta que ella le lea a usted", ese es un James Goll-ismo original. No pretendo que sea solo una frase pegadiza. Es cierto, porque cuanto más lee con detenimiento su Palabra, más le inunda y empapa Dios su mente y corazón.

Pablo escribió a su pupilo Timoteo (y por lo tanto también a nosotros): "*Procura con diligencia presentarte a Dios aprobado, como obrero que no tiene de qué avergonzarse, que usa bien la palabra de verdad*" (2 Timoteo 2:15, RVR-1960). Deberíamos estudiar la Palabra diligentemente.

Cada creyente individualmente necesita desarrollar un profundo conocimiento de la Palabra de Dios. Como he estado subrayando, conocer la Palabra es conocer a su Autor. Su Palabra le conforma a imagen de Dios y le prepara para la vida abundante. Quita la suciedad del mundo de su alma y vierte la luz del cielo a través de usted. Si lee su Biblia hasta que ella le lea a usted, la luz de Dios brillará cada vez más en usted a medida que usted madura en su fe. Su gozo crecerá. Después de un tiempo, dejará de leer solo las epístolas, y se habrá *convertido* en una epístola de Cristo para la gente que le rodea.

Aquí tiene al menos ocho razones distintas por las que deberíamos ser diligentes a la hora de estudiar la Palabra de Dios:

1. Jesús nos animó a ello. Por ejemplo, Él dijo:

> *Si permanecéis en mí, y mis palabras permanecen en vosotros, pedid lo que queráis y os será hecho. En esto es glorificado mi Padre, en que deis mucho fruto, y así probéis que sois mis discípulos....Si guardáis mis mandamientos, permaneceréis en mi amor, así como yo he guardado los mandamientos de mi Padre y permanezco en su amor.* (Juan 15:7–8, 10)

2. La Escritura da testimonio de Jesús. Jesús explicó que aunque la Escritura revela quién es Él, debemos escudriñarla con un corazón abierto para que podamos oír la voz de Dios y permitir que su Palabra more en nosotros. De lo contrario, quizá no recibamos la verdad que proclama la Escritura. (Véase Juan 5:37–40, RVR-1960). Lucas elogió las acciones de los judíos de Berea que *"eran de sentimientos más nobles que los de Tesalónica, de modo que recibieron el mensaje con toda avidez y todos los días examinaban las Escrituras para ver si era verdad lo que se les anunciaba. Muchos de los judíos creyeron"* (Hechos 17:11–12, NVI).

3. Nos dará la capacidad de prosperar espiritualmente. Salmos 1:2–3 dice: *"En la ley del Señor está su deleite, y en su ley medita de día y de noche. Será como árbol firmemente plantado junto* *a corrientes de agua, que da su fruto a su tiempo, y su hoja no se marchita; en todo lo que hace, prospera".*

4. El rey Salomón, que fue el hombre más sabio de su tiempo, enfatizó la importancia de conocer y prestar atención a la Palabra de Dios.

Hijo mío, atiende a mis consejos; escucha atentamente lo que digo. No pierdas de vista mis palabras; guárdalas muy dentro de tu corazón. Ellas dan vida a quienes las hallan; son la salud del cuerpo.   (Proverbios 4:20–22, NVI)

5. El rey David (padre de Salomón), que fue "un hombre conforme al corazón de Dios" (véase 1 Samuel 13:14; Hechos 13:22), estableció un ejemplo para seguir a Dios y su Palabra. Por ejemplo, escribió: *"¡Cuán preciosos, oh Dios, me son tus pensamientos! ¡Cuán inmensa es la suma de ellos! Si me propusiera contarlos, sumarían más que los granos de arena"* (Salmos 139:17–18, NVI).

6. Nos permitirá establecer un fundamento para nuestra fe. El apóstol Pedro animó a los creyentes a desear la *"leche"* de la Palabra (véase 1 Pedro 2:2), lo cual conlleva aprender los hechos descritos en la Escritura y entender cómo estas cosas se relacionan unas con otras. Cuando estamos en la etapa de la "leche", deberíamos comenzar a identificar los temas principales que transcurren por las páginas de la Biblia, los asuntos de fe que deberían guiar nuestras creencias y conducta.

7. Nos hará ser espiritualmente maduros. El profeta Jeremías demostró que deberíamos "comer" la Palabra de Dios: *"Cuando se presentaban tus palabras, yo las comía; tus palabras eran para mí el gozo y la alegría de mi corazón, porque se me llamaba por tu nombre, oh SEÑOR, Dios de los ejércitos"* (Jeremías 15:16). Jesús se llama a sí mismo el pan de vida. (Véase Juan 6:35). ¿Cuál es su hambre por la

Palabra de Dios, por Jesús mismo? Deberíamos crecer y superar la etapa de la leche para pasar a la etapa de la comida sólida.

Porque todo el que toma sólo leche, no está acostumbrado a la palabra de justicia, porque es niño. Pero el alimento sólido es para los adultos, los cuales por la práctica tienen los sentidos ejercitados para discernir el bien y el mal.   (Hebreos 5:13–14)

8. Nos permitirá evaluar nuestra verdadera condición espiritual y alinearnos con los caminos de Dios. Santiago comparó el estudiar la Palabra con mirar *"atentamente"* en el espejo de la libertad, mediante el cual podemos evaluar bien nuestro progreso hacia la madurez y verdadera libertad. Nuestra obediencia a lo que "vemos" es el punto de referencia. (Véase Santiago 1:22–25). Esto es como un abogado que estudia diligentemente la ley y luego la aplica diariamente a su práctica legal.

Cuando usted lee y estudia la Palabra, observe que, en la mayoría de las Biblias, aunque los libros están organizados en cierto modo cronológicamente, no se escribieron en ese orden. Quizá le sea útil adquirir una Biblia en la que los libros están ordenados en orden cronológico. Una vez, dediqué un año entero a leer solamente de mi Biblia cronológica. Quería ser capaz de ordenar en mi mente el gran rompecabezas de los eventos bíblicos. No quería leer solo esa versión de manera permanente, sin embargo, porque creo que es muy útil para nosotros expandir nuestra exposición a la Palabra al leer diferentes traducciones y formatos bíblicos.

Estudiar para entender

Pablo animó a la gente a estudiar para *entender* la Palabra escrita: *"Porque ninguna otra cosa os escribimos sino lo que leéis y entendéis, y espero que entenderéis hasta el fin"* (2 Corintios 1:13). ¿Cuál es la mejor forma de abordar nuestro estudio personal de la Biblia? Obviamente, el primer paso es decidir hacerlo. Debería graduarse de malacostumbrarse a que sus pastores y maestros le den la Palabra y tomar una responsabilidad madura para aprender todo lo que pueda. Comience con la versión de la Biblia que le resulte más fácil de entender, y forme su propio plan de estudio. Estas son algunas ideas a tener en cuenta:

- Lea capítulo por capítulo, día a día. *"Inquirid en el libro de Jehová, y leed…"* (Isaías 34:16, rvr-1960). "[Una copia de la ley] *la tendrá consigo* [el rey] *y la leerá todos los días de su vida, para que aprenda a temer al* Señor *su Dios, observando cuidadosamente todas las palabras de esta ley y estos estatutos"* (Deuteronomio 17:19).

- Al leer, reconozca el señorío de Jesús. Deje que su verdad y su luz penetren en su oscuridad y, a través de usted, en la oscuridad de otros, como enfatizó Pablo: *"Pero gracias a Dios, que en Cristo siempre nos lleva en triunfo, y que por medio de nosotros manifiesta en todo lugar la fragancia de su conocimiento"* (2 Corintios 2:14).

- Lea en oración, con la ayuda del Espíritu. Anote las cosas que destaquen y por qué. Está bien escribir en los márgenes de su Biblia.

- También está bien subrayar o marcar palabras y versículos en las páginas. Quizá le sea útil usar distintos colores de tinta o marcadores para indicar distintos tipos de temas. En el futuro, esto atraerá su atención a versículos especiales que se convertirán en bloques para un crecimiento futuro en el conocimiento de la verdad.

- Estudie temas concretos, como la redención o el perdón. Pregunte "¿Cómo?"; "¿Cuándo?"; "¿Dónde?" y "¿Por qué?". Pregúntese cómo aplicará personalmente lo que aprenda.

- Estudie las vidas de personas importantes de la Biblia. Esta es una de mis técnicas de estudio favoritas. Cuando leo acerca de alguien, me hago las siguientes preguntas: (1) "¿Por qué escogió Dios a esta persona?"; (2) "¿Qué hizo esta persona para obedecer los tratos de Dios?"; (3) "¿Qué procesos usó Dios para llevarle a sus propósitos?"; (4) "¿Qué lecciones puedo aprender de la vida de esta persona?". Como enseñó el autor del libro de Hebreos, esto es *"a fin de que no seáis perezosos, sino imitadores de los que mediante la fe y la paciencia heredan las promesas"* (Hebreos 6:12). Y como escribió Pablo: *"Porque las cosas que se escribieron antes, para nuestra enseñanza se escribieron, a fin de que por la paciencia y la consolación de las Escrituras, tengamos esperanza"* (Romanos 15:4, RVR-1960).

+ Consiga y use una Biblia de estudio y una concordancia, para que pueda seguir algunas referencias cruzadas para algunas palabras e ideas concretas. De esta forma, puede ampliar su perspectiva y obtener nuevas ideas.

+ Use una concordancia y un diccionario de hebreo (para el Antiguo Testamento) o griego (para el Nuevo Testamento), investigue los usos de las palabras originales, otras formas en que se ha traducido una palabra, y dónde aparece en concreto una palabra en las Escrituras. (Biblias de estudio, concordancias y diccionarios están fácilmente disponibles en librerías y distribuidores de libros, especialmente en línea).

+ Medite en la Palabra. Piense en lo que ha leído. La palabra *meditar* significa reflexionar, ponderar, pensar, incluso mascullar para uno mismo. La meditación abrirá las Escrituras en su espíritu y permitirá que el Espíritu Santo le revele las cosas de Dios. En pocas palabras: *"Recita siempre el libro de la ley y medita en él de día y de noche; cumple con cuidado todo lo que en él está escrito. Así prosperarás y tendrás éxito"* (Josué 1:8, NVI).

Esté siempre deseoso de agrandar su conocimiento y de crecer en su fe a medida que su estudio revele nuevos aspectos de la verdad para usted. Dios es tan grande que, a pesar de lo mucho que aprendamos de Él y sus caminos, siempre "[solo] *en parte conocemos*" mientras vivamos a este lado del cielo. (Véase 1 Corintios 13:9–12). Usted será capaz de obtener conocimiento y sana doctrina poco a poco, sin detenerse: "*Porque mandamiento tras mandamiento, mandato sobre mandato, renglón tras renglón, línea sobre línea, un poquito allí, otro poquito allá*" (Isaías 28:19, RVR-1960).

Manténgase humilde y enseñable. Se sorprenderá de lo que no sabe aún, incluso después de haber escarbado en la Palabra durante mucho tiempo. En el libro de los Hechos, leemos acerca de un predicador llamado Apolos que era "*hombre elocuente, y que era poderoso en las Escrituras*" (Hechos 18:24). Pero cuando los maestros de la Biblia Priscila y Aquila (una pareja casada) le oyeron hablar en la sinagoga, "*lo llevaron aparte y le explicaron con mayor exactitud el camino de Dios*" (Hechos 18:26). Él recibió su ayuda con gusto y modificó su mensaje en consecuencia. (Véase Hechos 18:27–28).

Cuando usted medita en la Palabra y permite que ella "*more en abundancia en vosotros*" (Colosenses 3:16, RVR-1960), el Espíritu Santo comenzará a mostrarle la realidad del ámbito espiritual que describe la Palabra. (Véase 1 Corintios 2:9–10). A medida que usted aprende la Palabra y los caminos de Dios con más profundidad, sufrirá un cambio que le permitirá reflejar la imagen de Dios cada vez más. Esto es una promesa: "*Así, todos nosotros, que con el rostro descubierto reflejamos como en un espejo la gloria del Señor, somos transformados a su semejanza con más y más gloria por la acción del Señor, que es el Espíritu*" (2 Corintios 3:18, NVI).

Cuando usted medita en la Palabra, el Espíritu Santo comenzará a mostrarle la realidad del ámbito espiritual que describe la Palabra.

"Tengo sed…"

En la cruz, Jesús jadeó: *"Tengo sed"* (Juan 19:28, RVR-1960). Como Hombre, experimentó el hambre y la sed, muchas veces. Él se puede identificar totalmente con el hambre y la sed de los humanos.

También sabía que el pan y el agua no le darían la satisfacción definitiva ni un vigor renovado, sino que eso solo lo podía dar la Palabra de Dios. Por eso le dijo al diablo en el desierto: *"Escrito está: No sólo de pan vivirá el hombre, sino de toda palabra que sale de la boca de Dios"* (Mateo 4:4, RVR-1960).

Y después, cuando de nuevo estuvo cansado, hambriento y sediento, y sus discípulos le llevaron algo de comer, Él agrandó el entendimiento de ellos acerca de lo que podía saciar la sed y satisfacer el hambre.

Mientras tanto, los discípulos le rogaban, diciendo: Rabí, come. Pero El les dijo: Yo tengo para comer una comida que vosotros no sabéis. Los discípulos entonces se decían entre sí: ¿Le habrá traído alguien de comer? Jesús les dijo: Mi comida es hacer la voluntad del que me envió y llevar a cabo su obra.
(Juan 4:31–34)

Mientras sus discípulos se habían ido, Jesús había estado haciendo la voluntad de su Padre, y eso había significado ofrecerse a saciar el corazón sediento de una mujer samaritana pecadora:

Respondió Jesús y le dijo: Si tú conocieras el don de Dios, y quién es el que te dice: "Dame de beber", tú le habrías pedido a El, y El te hubiera dado agua viva. Ella le dijo: Señor, no tienes con qué sacarla, y el pozo es hondo; ¿de dónde, pues, tienes esa agua viva?...Respondió Jesús y le dijo: Todo el que beba de esta agua volverá a tener sed, pero el que beba del agua que yo le daré, no tendrá sed jamás, sino que el agua que yo le daré se convertirá en él en una fuente de agua que brota para vida eterna.
(Juan 4:10–11, 13–14)

Jesús es tan consciente de la importancia del pan y el agua para satisfacer el hambre y la sed que se llama a sí mismo el pan de vida y dice que dará de su *"agua viva"* a todo aquel que diga sí a su oferta de vida eterna: *"Yo soy el pan de la vida; el que viene a mí no tendrá hambre, y el que cree en mí nunca tendrá sed"* (Juan 6:35).

Él sabe lo sedientos que estamos de Dios, nuestro Creador y Padre. *"Como el ciervo anhela las corrientes de agua, así suspira por ti, oh Dios, el alma mía. Mi alma tiene sed de Dios, del Dios viviente; ¿cuándo vendré y me presentaré delante de Dios?* (Salmos 42:1–2). Él sabe que nosotros no podemos satisfacer del todo nuestro hambre y sed hasta que no encontremos en Él descanso.

Jesús se ofrece, como el pan de vida, en la forma de su Palabra escrita. ¿Sabía que Dios ha exaltado su Palabra por encima incluso de su propio nombre? (Véase Salmos 138:2, RVR-1960).

¿Qué le está reteniendo? Deje todo y sumérjase en la Palabra de Dios. Dedique toda su atención a ello. Que para usted sea una prioridad leerla, estudiarla, aprenderla. Póngalo como lo primero en su vida. De esta forma, llegará a conocer a Dios; y de esta forma, se mantendrá firme en Él todos los días de su vida.

Cuando usted lee y relee los libros de la Palabra de Dios, su espíritu y su mente absorberán los pensamientos y planes de Dios, y su corazón comenzará a latir al mismo ritmo que el de Dios. Aprenderá a seguir a Dios, y comenzará a desear lo mismo que Dios desea. Descubrirá lo mucho que Él le ama y lo que ha hecho para redimirle de sus muchos fallos y dificultades. Verá destellos del gran plan de Dios para cubrir la tierra con su gloria.

Aprenderá a *vivir*. ¡Se enamorará del autor del Libro! Y no se limitará a escoger de una "caja de promesas" de versículos bíblicos para seleccionar los que más le gusten. Terminará creciendo en su apetito espiritual, y estará hambriento de toda la Palabra de verdad. "Tome y coma". (Véase Mateo 26:26; Marcos 14:22).

11

La singularidad de la Palabra de Dios

Una y otra vez, como si fuese un disco rayado, escucho
la frase: "Oh, usted no lee la Biblia, ¿verdad que no?". A
veces está expresada de esta otra manera: "¡Vaya! pero si
la Biblia es nada más que otro libro, usted debería leer...
etc." También está el caso del estudiante que se enor-
gullece porque la Biblia está en su librero junto con sus
otros libros, tal vez polvorienta y sin siquiera haber sido
abierta, ¡pero está allí! con los otros "grandes".
...La Biblia debería estar en la parte más alta de nuestra
estantería, y ella solamente. La Biblia es "única". ¡Eso es!
Las ideas de las que he echado mano para describir la
Biblia están resumidas en la palabra "única".[28]
—Josh McDowell

La Biblia es un Libro absolutamente único, que está por encima
de todos los demás que se hayan escrito jamás. Es el único

---

28. Josh McDowell, *Evidencia que exige un veredicto* (Miami, FL: Editorial Vida,
1989), 17.

Libro que está vivo y activo. Cuando la lee, ¡ella le lee a usted! En nuestro viaje juntos, hemos explorado la forma en que la Palabra viva y activa de Dios forma un camino entre el cielo y la tierra, facilitando la relación entre los creyentes y su Padre en el cielo, notando que la misma Palabra que ha sido desde el principio (véase Juan 1:1) está palpitando con vida dentro de las páginas del Libro que llamamos la Biblia.

La Palabra de Dios está tan viva como usted; de hecho, ¡la Palabra está *más* viva que usted! Al entregarse a la Palabra, tendrá el corazón vivo del Espíritu Santo latiendo en lo más hondo de su ser. Conocerá a Dios cada vez mejor.

La pregunta es: ¿Cómo funciona? ¿Cómo puede la Palabra establecer la conexión entre usted y su Padre celestial? ¿Y cómo puede sacar usted lo máximo de este maravilloso recurso: la Palabra escrita de Dios?

La Palabra de Dios es viva, activa, eficaz

¿Alguna vez ha tropezado en su caminar con Dios? Cuando se aleja de Dios, una de las primeras cosas que deja de hacer es tener un tiempo regular de lectura y oración devocional. Además de eso, puede que comience a buscar excusas para no ir a los servicios de adoración, y sin duda alguna descuidará su lectura de la Biblia. Enseguida se encuentra "demasiado ocupado", "demasiado cansado", o cualquier otra cosa. Demasiadas personas terminan con una actitud de: "¡Yo he estado ahí, y sé lo que es eso!" al hablar de su vida espiritual. En algún momento, reconozca o no su condición, puede terminar como un náufrago en una isla desierta, muriendo como consecuencia de su hambre y sed espiritual.

¿Pero por qué se apartó usted de su única seguridad y garantía de verdadera vida? ¿Qué le hizo conformarse con las migajas cuando podría haber tenido todo el pan? ¡Rápido! Arrepiéntase de su necedad y vuélvase a Dios de nuevo. *"Por lo cual, desechando toda*

inmundicia y todo resto de malicia, recibid con humildad la palabra im-
plantada, que es poderosa para salvar vuestras almas" (Santiago 1:21).

Si se aleja de Dios, puede terminar como un náufrago
en una isla desierta, muriendo como consecuencia de su
hambre y sed espiritual.

Permita que el gran médico y cirujano tenga acceso a su corazón. *"Porque la palabra de Dios es viva y eficaz, y más cortante que*
cualquier espada de dos filos; penetra hasta la división del alma y del
espíritu, de las coyunturas y los tuétanos, y es poderosa para discernir
los pensamientos y las intenciones del corazón" (Hebreos 4:12). Tome
su Biblia y téngala cerca de su corazón. ¡Después ábrala y léala!
Las palabras de Jesús son vida, como Él dijo: *"El Espíritu da vida; la*
carne no vale para nada. Las palabras que les he hablado son espíritu
y son vida" (Juan 6:63, NVI). Recuerde: ¡su Biblia es su amiga!

Deje que el viento del Espíritu infle sus velas y le impulse a
toda velocidad de ese lugar de desesperanza. Deje que el Espíritu le
lleve donde Él quiera. Mire: *"Porque la palabra de la cruz es necedad*
para los que se pierden, pero para nosotros los salvos es poder de Dios"
(1 Corintios 1:18).

La humildad de corazón es el mejor terreno para que crezca la
Palabra implantada. Cuando esa Palabra encuentra un lugar pe-
dregoso, lo cambiará y ablandará. Quizá a veces quiera usted intentar torcer o cambiar la Palabra, pero ¿cuál de los dos cree usted
que tendrá que ceder? La Palabra de Dios no se puede quebrantar,
o conmover, o alterar. En el amor de Dios, Él esperará a que usted
responda a lo que le está diciendo. El salmista dijo:

> *Bueno y recto es el Señor; por tanto, Él muestra a los peca-*
> *dores el camino. Dirige a los humildes en la justicia, y enseña*
> *a los humildes su camino….¿Quién es el hombre que teme al*

Señor? *El le instruirá en el camino que debe escoger. En prosperidad habitará su alma, y su descendencia poseerá la tierra. Los secretos del* Señor *son para los que le temen, y El les dará a conocer su pacto.* (Salmos 25:8–9, 12–14)

Los efectos y beneficios de la Palabra de Dios

La Palabra viva le cambiará para bien de forma drástica. Le presentará a su Hacedor, el cual quiere que usted disfrute del viaje de ser recreado a imagen de Dios. La Palabra moldeará y dará forma a su espíritu y su alma como un alfarero modela el barro. (Véase Romanos 9:20). Dios es el único que tiene derecho a moldearnos, y tenemos que permitirle que lo haga. Preste atención a su voz cuando Él le hable directamente al corazón y le haga ver su amor a través de su Palabra escrita.

La Palabra mejorará su conectividad con Dios al aumentar su capacidad de *fe*. La Palabra sellará su *nuevo nacimiento* y sostendrá su *nueva vida*. Y como ya hemos discutido, la Palabra le aportará su *alimento espiritual* en su proceso de madurez, así como la leche y el alimento sólido alimentan su cuerpo físico.

Hablando de su cuerpo físico, la Palabra también le mostrará el camino para una buena *salud y sanidad física*. Además, hará brillar su luz en los lugares oscuros y le dará *iluminación y entendimiento*. El príncipe de las tinieblas se verá forzado a irse de su vida, porque la Palabra de Dios ganará para usted *victoria sobre el pecado y Satanás*.

La Palabra es nuestro *juez*. La luz de la Palabra expondrá sus pecados ocultos y le ayudará a vencerlos para bien, dando el fruto de *limpieza y santificación*. El proceso quizá sea doloroso a veces, pero créame, es un buen tipo de dolor, y los resultados son incomparables. La Palabra trae luz porque refleja la gloria del cielo. Por eso la Palabra también se convertirá en su *espejo de revelación espiritual.* Estará usted impaciente por consultar sus páginas para empaparse de las palabras de verdad y la confirmación de sabiduría y dirección, a fin de que pueda obedecer las instrucciones y la guía de Dios.

Como dije arriba, cuando usted lee la Palabra de Dios lo suficiente, ella comienza a leerle a *usted.* De nuevo, es capaz de juzgar los pensamientos y las intenciones de su corazón. Cuando su corazón reciba convicción, no rodee el asunto solo porque duele. En su lugar, debe alinearse con la Palabra viva de Dios, pidiendo la ayuda a Dios todo el tiempo. Se beneficiará cuando acepte la Palabra de Dios.

Naturalmente, la gente no siempre quiere oír esto. Vemos muchos torcimientos de la Palabra cuando la luz de la Palabra desentierra algo inapropiado en las vidas de las personas. Su tendencia es justificar sus acciones, lo cual, por supuesto, garantiza que seguirán en su condición fallida. Por su naturaleza, la Palabra de Dios no solo es viva y activa, sino que también es inflexible. No cambiará para acomodarse a sus "circunstancias extenuantes", aunque usted quiera pintar las cosas con colores atractivos y pedir "justicia" o indulgencia. La Deidad no tiene fallos. Ninguno de ningún tipo. (Véase, por ejemplo, Job 40:2). Dios no modifica su naturaleza para encajar en la naturaleza humana, en las normas culturales humanas o en un tiempo particular de la historia. Él es inflexible en lo que al pecado se refiere, y quiere "amarnos según eso" para que podamos reflejar su imagen de forma más integral.

Él es nuestro Señor salvador, lo que significa que nosotros *necesitamos* salvación. Estoy convencido de que Él me salva diariamente, a veces momento a momento, y estoy muy agradecido por ello. Si la Palabra implantada es capaz de salvar mi alma, como dice Santiago 1:21, y si mi alma es mi "yo", lo cual incluye mis pensamientos, mis emociones y mi voluntad, entonces la salvación de Dios es para mí mucho más que eso que me ocurrió en un momento puntual durante un llamado al altar para darme el nuevo nacimiento.

Necesito salvar mis emociones cada dos horas, por lo menos. Necesito salvar mi mente con regularidad, especialmente después de un día difícil de pelear duro en el mundo que me rodea. Necesito a Dios, y usted necesita a Dios. Sencillamente lo necesitamos. Así pues, pienso que deberíamos recibir lo que Él envía, según sus condiciones, ¿no cree?

Preste atención a la voz de Dios cuando Él le hable directamente al corazón y le haga ver su amor a través de su Palabra escrita.

Veamos ahora con más profundidad los efectos de la Palabra de Dios sobre nosotros. Se me ocurren al menos nueve formas concretas en que la Palabra nos cambia para bien.

1. La Palabra produce fe. El hecho de que nuestra fe viene directamente de la Palabra no se podía decir con más claridad que como se dice en el libro de Romanos: *"Así que la fe es por el oír, y el oír, por la palabra de Dios"* (Romanos 10:17, rvr-1960). Esta verdad es tan sencilla que a menudo la pasamos por alto.

Permítame dirigir su atención a la parte de la ecuación acerca de la fe. Este es el proceso mediante el cual se produce la fe: Primero, la Palabra de Dios es "liberada", es hablada, o leída. Segundo, penetra en el corazón humilde de alguien; verdaderamente es *oída*. Tercero, el que esa persona oiga la Palabra produce fe. La palabra *"es"* en Romanos 10:17 es progresiva. La Palabra de Dios no solo llega a su oído como un solo estallido, como un estampido sónico, proveyéndole una fe completa desde la primera vez que la oye. En cambio, su fe crece al permitir que la Palabra resuene dentro de usted, recibiéndola en su corazón. El resultado final es confianza y fe, lo cual le da la capacidad de apoyar todo su peso en la verdad de la Palabra y en el Dador de vida. Se produce una porción de fe cuando la Palabra entra por primera vez en su mente cuando la recibe hablada o leída, y llega más fe cuando penetra en su conciencia. Al aceptar la Palabra, la fe viene.

Escribí un libro titulado *El Intercesor Profético* acerca de la postura de fe, y estaba basado principalmente en esta cita: "*Y ahora, SEÑOR, que la palabra que tú has hablado acerca de tu siervo y acerca de su casa sea afirmada para siempre, y haz según has hablado*" (1 Crónicas 17:23). El hombre que dijo eso, el rey David, no solo estaba admitiendo a Dios: "Tu Palabra es verdad". Él se apoyó en ella todo el tiempo, en fe. Sí, la Palabra de Dios es cierta, pero él decidió confiar en ella en total dependencia. Él sabía que le faltaba la fortaleza en sí mismo para cumplir "*la palabra*" que Dios había hablado, así que buscó al Autor de esa palabra para conseguir la fortaleza necesaria. También estaba adoptando una postura de intercesión para recordarle a Dios lo que Él había dicho que quería hacer. Una postura de fe así produce confianza: confianza de Dios, no confianza en uno mismo. Aún sin saber cómo se cumpliría la palabra, David confió abiertamente en que sería tal y como Dios lo había dicho.

Esto nos lleva a un punto esencial: la importancia del paso de declarar la creencia particular que la palabra del Señor ha engendrado en nosotros. Cuando la palabra que produce fe se expresa, ya deja de estar oculta en el interior. Activa la esfera eterna de la actividad espiritual. Eso es lo que hizo que la respuesta de María al ángel Gabriel fuera tan eficaz. Él había acudido para anunciarle que ella iba a ser la madre del Mesías. Él le entregó esta palabra en persona, ¿y la respuesta de ella? "*María dijo: He aquí la sierva del Señor; hágase conmigo conforme a tu palabra*" (Lucas 1:38). Sin dudarlo. ¡Hecho consumado!

Cuando usted deja que su fe salga, su Papá Dios se agrada mucho. Él ve que usted le cree y que confía en su bondad, que cree

198 *Búsqueda Apasionada*

que Él quiere suplir su necesidad. Su fe es el primer requisito para acudir a Dios, y el más indispensable. Por esta razón: *"Sin fe es imposible agradar a Dios, ya que cualquiera que se acerca a Dios tiene que creer que él existe y que recompensa a quienes lo buscan"* (Hebreos 11:6, NVI).

2. La Palabra trae nueva vida. El resultado más fundamental de permitir que la Palabra sea implantada en su corazón es que la vida nueva, y siempre nueva, de Dios comienza a hacer maravillas en usted. Esta vida es verdaderamente eterna e incorruptible, como escribió Pedro: *"Pues ustedes han nacido de nuevo, no de simiente perecedera, sino de simiente imperecedera, mediante la palabra de Dios que vive y permanece"* (1 Pedro 1:23, NVI).

Esta nueva vida es una vida *vencedora*; con el tiempo, prevalece sobre cada fragmento de su antigua vida. Juan, el discípulo original de Jesús que más tiempo vivió, experimentó personalmente el extenso poder de la nueva vida durante un periodo de muchos años. Por lo tanto, sabía de lo que estaba hablando por experiencia propia cuando escribió: *"Ninguno que es nacido de Dios practica el pecado, porque la simiente de Dios permanece en él; y no puede pecar, porque es nacido de Dios"* (1 Juan 3:9). La palabra *"permanece"* en este versículo es de suma importancia.

Si continúa plantando la Palabra de Dios en su alma, entonces la *"simiente"* de Dios no hace una entrada única y cae en su corazón con la idea de desaparecer después. En cambio, según usted permanece en la Palabra, esta crece y da fruto, y ese fruto incluye la victoria sobre un estado constante de pecado. Esto no significa que llegue a la perfección total sino más bien que la convicción viene rápidamente, con la confesión de pecado como un resultado seguro. La santidad crece de una manera continuada. La Palabra instiga un proceso continuo de santificación: de ser apartado.

3. La Palabra proporciona alimento espiritual diario. Volver a nacer en el reino de Dios significa que usted comienza de nuevo. La nueva vida es, bueno, *nueva*. Y como los bebés, podemos crecer y prosperar solo si tenemos leche, y después comida sólida. La Palabra de Dios proporciona ambas cosas.

¿Alguna vez ha dado de comer a un bebé? Los bebés están muy felices y contentos cuando se les alimenta. Recuerdo ver a mi esposa dando el pecho a nuestros cuatro hijos cuando eran pequeños. Me gustaba especialmente ver la manera en que se detenían por un momento, casi como un gatito ronroneando con sus ojos cerrados en un contentamiento absoluto, y después, con una pequeña sonrisa de pillos, volver a comer de nuevo ansiosamente. Ahora, siendo ya abuelo, veo, a una distancia adecuada, a mis hijos disfrutando de la misma interacción íntima y relacional. Creo que eso es un retrato de cómo deberíamos ser con la leche de la Palabra. El apóstol Pedro también pensaba así:

> Por lo tanto, abandonando toda maldad y todo engaño, hipocresía, envidias y toda calumnia, deseen con ansias la leche pura de la palabra, como niños recién nacidos. Así, por medio de ella, crecerán en su salvación, ahora que han probado lo bueno que es el Señor.   (1 Pedro 2:1–3, NVI)

Debemos dejar a un lado cinco tendencias pecaminosas de nuestra antigua vida si queremos conseguir algún progreso espiritual: malicia, engaño, hipocresía, envidia y calumnias. Piense en esto la próxima vez que comience a leer algunos comentarios desagradables que pongan en línea sobre algo, y usted quiera añadir sus propios comentarios sarcásticos. Pregúntese: "¿Es esto calumniar?"; "¿Desanima esto a alguien?"; "¿Estoy siendo hipócrita ahora mismo?", y cosas así. Supongo que sería justo decir que la leche pura de la Palabra podría cortarse ante cosas como la malicia, el engaño, la hipocresía, la envidia y la calumnia.

Por supuesto, nadie subsiste solo con leche mientras cree. Por eso la Palabra de Dios también se compara al "pan" y el "alimento sólido". La gente necesita mucho más que "leche" para crecer y madurar de un nivel de desarrollo espiritual a otro. (Véase, por ejemplo, Hebreos 5:12–14). Por todo el mundo, el pan es un elemento básico en la dieta diaria de las personas. Se considera la forma más básica de alimentación. Aparentemente, la Palabra de Dios es incluso más importante que el pan físico. Citando Deuteronomio 8:3, Jesús dijo: *"Escrito está: "No solo de pan vivirá el hombre, sino de toda palabra que sale de la boca de Dios"* (Mateo 4:4).

¿Y de qué está hecho este alimento sólido? ¿Son solamente esas partes muy difíciles de entender de la Biblia (esas que más nos cuesta "masticar")? No del todo. Consiste, como diría Eugene Peterson, en "Una larga obediencia en la misma dirección".[29] Jesús dijo: *"Mi comida es que haga la voluntad del que me envió, y que acabe su obra"* (Juan 4:34, RVR-1960). Esto tiene implícito una relación viva y continua, una relación tanto con el Señor mismo como con la Palabra escrita. Esta Palabra siempre procede de Dios; sigue llegando, ola tras ola.

4. La Palabra promueve salud y sanidad física. Algo más, según Jesús, podría considerarse "pan", y es la sanidad, o la restauración de una buena salud. Cuando una madre desesperada insistió pidiéndole a Jesús que sanara a su hija, aunque ella y su hija no pertenecían al pueblo escogido de Israel, Jesús se impresionó con su determinación.

> *Él le respondió: —No está bien quitarles el pan a los hijos y echárselo a los perros. —Sí, Señor; pero hasta los perros comen las migajas que caen de la mesa de sus amos. —¡Mujer, qué grande es tu fe! —contestó Jesús—. Que se cumpla lo que quieres. Y desde ese mismo momento quedó sana su hija.*
>
> (Mateo 15:26–28, NVI)

---

29. Véase Eugene Peterson, *A Long Obedience in the Same Direction: Discipleship in an Instant Society* [20th Anniversary Edition] (Downer's Grove, IL: InterVarsity Press, 2000).

Verá que la Palabra de Dios no es solamente leche y pan; es también como una buena medicina. De hecho, es la mejor medicina. El salmista fue enfático al respecto: *"Gustad, y ved que es bueno Jehová; dichoso el hombre que confía en él"* (Salmos 34:8, RVR-1960).

De los profesionales médicos y de las compañías aseguradoras de la salud, hemos oído mucho últimamente acerca de medidas profilácticas para promover la salud que ayudan a mantener la mala salud a raya. Yo diría que una dieta firme de la Palabra de Dios debería ser parte de cualquier estilo de vida saludable, ¿no cree? La Palabra no solo garantiza crecimiento espiritual y salud y restauración, sino que también nos dice cómo Dios lleva a cabo la salud cuando las cosas salen mal. Por ejemplo, considere este versículo de los Salmos: *"Envió su palabra para sanarlos, y así los rescató del sepulcro"* (Salmos 107:20, NVI).

Personalmente, me he apoyado mucho en ciertas promesas de la Escritura cuando he necesitado recuperar mi salud y mantenerla. Mi confianza descansa en la naturaleza misma de Dios, lo cual representa el paradigma de la confianza. Él quiere que su Palabra tenga éxito, y por eso dijo: *"Así será mi palabra que sale de mi boca, no volverá a mí vacía sin haber realizado lo que deseo"* (Isaías 55:11). ¿Y qué desea Dios? Él quiere que su Palabra produzca lo mejor en sus hijos. Regresemos al pasaje que leímos en el capítulo anterior de este libro:

> Hijo mío, atiende a mis consejos; escucha atentamente lo que digo. No pierdas de vista mis palabras; guárdalas muy dentro de tu corazón. Ellas dan vida a quienes las hallan; son la salud del cuerpo.   (Proverbios 4:20–22, NVI)

Prestar atención a la Palabra de Dios produce en nosotros la fe para creer y actuar sobre lo que Dios ha dicho en esa Palabra acerca de vivir una vida llena de gozo y salud.

Una dieta regular de la Palabra de Dios debería ser parte de cualquier estilo de vida saludable.

5. La Palabra nos aporta iluminación y entendimiento espiritual. Como creyente, su objetivo es *conocer* a este Dios a quien está siguiendo. De nuevo, no hay mejor forma de conocer a Dios que sumergirse en su Palabra, que es una fuente de luz y conocimiento continua. *Continua* es una palabra clave. Lo más maravilloso de la Palabra de Dios es que usted puede regresar una y otra vez al mismo versículo, durante años, y este seguirá aportándole nuevos niveles de revelación y un mayor entendimiento y más profundo. Dios hace brillar su propia luz a través de su Palabra. Esta se ilumina en su corazón y su mente. Como dijo el salmista: *"La exposición de tus palabras imparte luz; da entendimiento a los sencillos"* (Salmos 119:130).

Este efecto es totalmente único de la Palabra de Dios. No se puede duplicar o reemplazar por la inteligencia natural o la educación de una persona. La Palabra de Dios le inunda. Vierte luz sobre sus decisiones, tanto las grandes como las pequeñas. Imparte conocimiento, sabiduría y corrección.

Derek Prince escribió:

La educación secular es algo bueno, pero se puede utilizar mal. Una mente muy educada es un instrumento fino, como un cuchillo afilado. Pero un cuchillo se puede utilizar mal. Un hombre puede tomar un cuchillo afilado y usarlo para cortar comida para su familia. Otro hombre puede tomar un cuchillo similar y usarlo para matar a otro ser humano.

Lo mismo ocurre con la educación secular. Es algo maravilloso, pero se puede utilizar mal. Separada de la iluminación de la Palabra de Dios, se puede convertir en algo extremadamente peligroso. Una nación o civilización que se concentra en la educación secular pero que no da lugar a la Palabra de Dios simplemente está forjando instrumentos para su propia destrucción.[30]

---

30. Prince, *Spirit-Filled Believer's Handbook*, 66.

Derek Prince fue un erudito entre eruditos, un hombre con mucha educación formal, pero conocía el mérito educativo sin igual de la Palabra de Dios. Apreciaba la forma de Dios de hacer las cosas, porque la Palabra no solo imparte hechos históricos e instrucción moral, sino que también nos da la sabiduría para hacer uso de la información. Cuando caminamos de la mano con su Espíritu, la sabiduría infunde las palabras de las páginas de la Biblia. El consejo sabio y puro de Dios viene directamente de su Palabra.

Ingiera la Palabra de Dios como su pan diario; deje que le madure y le complete como creyente. Crezca de la niñez espiritual a la vida espiritual de adulto joven; y a medida que habite en la Palabra, vea cómo finalmente se convertirá en un padre o madre en la fe para otros. ¡La Palabra es su alimento completo!

6. La Palabra vence al pecado y a Satanás. No se limite tan solo a leer la Palabra o a escucharla; guárdela en su corazón como un tesoro precioso. Entonces tendrá todo lo que necesita para alcanzar la victoria sobre su propia pecaminosidad persistente, así como sobre el diablo y sus maquinaciones. El salmista enfatizó esta verdad cuando escribió: *"En mi corazón he atesorado tu palabra, para no pecar contra ti"* (Salmo 119:11).

Atesorar la Palabra en su corazón hace que ella esté disponible al instante cuando la necesite. Esto es mejor que tenerla almacenada en su mente, lo cual, por supuesto, también es útil. Pero en su lucha constante contra todo lo malo que hay en su interior, necesita el poder sobrenatural de Dios, lo cual significa que necesita fe. Fe es algo del corazón, no algo de la cabeza. Usted nutre su fe con la Palabra cuando atesora la Palabra, cuando la nutre, la valora y la aprecia. Otra manera de decir esto es: *"La palabra de Cristo more en abundancia en vosotros"* (Colosenses 3:16, RVR-1960).

Haciendo eso, usted se vuelve "escurridizo" para las manos avaras de Satanás. Cuando usted está lleno de la preciosa Palabra de Dios, puede eludir sus caminos engañosos. (Véase, por ejemplo, Salmos 17:4). Como ya hemos destacado en un capítulo anterior, cuando Jesús fue tentado en el desierto usó la Palabra como un arma eficaz contra Satanás. (Véase Mateo 4:1–11; Lucas 4:1–13). Si Jesús mismo necesitó usar la Palabra como una espada, ¿cuánto más deberíamos valorarla nosotros y mantenerla afilada? *"Tomad también el yelmo de la salvación, y la espada del Espíritu que es la palabra de Dios"* (Efesios 6:17).

Repito: atesorando la Palabra en su corazón puede derrotar al enemigo todas las veces. Pablo escribió: *"Quiero que seáis sabios para lo bueno e inocentes para lo malo. Y el Dios de paz aplastará pronto a Satanás debajo de vuestros pies"* (Romanos 16:19–20). Verá que es cierto que el grado en el que atesore la Palabra escrita en su corazón, atesorándola como lo haría con algo vivo precioso, es el grado al que le dará al Espíritu Santo algo sobre lo que soplar. A medida que la Palabra rebosa de su corazón y su boca, el Espíritu podrá utilizarla como una espada afilada para vencer los poderes de las tinieblas. Atesorar la Palabra en su corazón le impedirá rechazar el conocimiento de Dios y así ser destruido a manos del enemigo *"por falta de conocimiento"* (Oseas 4:6), lo cual nadie en su sano juicio quisiera experimentar.

¡Atesore la Palabra en su corazón!

7. La Palabra le ofrece limpieza, o santificación. La Palabra de Dios es mucho más que "un seguro de incendios"; en otras palabras, proveer fe para salvación y un escape del castigo en el infierno. Mediante la Palabra, usted recibe la capacidad sobrenatural *para vivir por encima del pecado*. En otras palabras, usted experimenta sus propiedades de limpieza; esto es a lo que se refiere el término *santificación*. Usted es lavado y enderezado tantas veces al día como sea necesario, durante el transcurso de los años de su vida en esta tierra, para asegurar que esté listo para la eternidad con Dios. Pedro lo expresó mejor así:

Que abunden en ustedes la gracia y la paz por medio del conocimiento que tienen de Dios y de Jesús nuestro Señor. Su divino poder, al darnos el conocimiento de aquel que nos llamó por su propia gloria y potencia, nos ha concedido todas las cosas que necesitamos para vivir como Dios manda. Así Dios nos ha entregado sus preciosas y magníficas promesas para que ustedes, luego de escapar de la corrupción que hay en el mundo debido a los malos deseos, lleguen a tener parte en la naturaleza divina. (2 Pedro 1:2–4, NVI)

Jesús dijo a sus discípulos más cercanos: *"Ustedes ya están limpios por la palabra que les he comunicado"* (Juan 15:3, NVI), y sus palabras habladas se han convertido en una parte importante de la Palabra escrita que tenemos hoy.

Pablo hizo referencia a las propiedades de limpieza de la Palabra en el contexto de los esposos amando a sus esposas al mismo grado que Cristo ha amado a la iglesia:

Maridos, amad a vuestras mujeres, así como Cristo amó a la iglesia, y se entregó a sí mismo por ella, para santificarla, habiéndola purificado en el lavamiento del agua por la palabra, a fin de presentársela a sí mismo, una iglesia gloriosa, que no tuviese mancha ni arruga ni cosa semejante, sino que fuese santa y sin mancha. (Efesios 5:25–27, RVR-1960)

La Palabra de Dios santifica; limpia. Al margen de la denominación cristiana a la que una persona pueda pertenecer, puede caminar en la luz progresiva de santidad y victoria sobre las tinieblas simplemente aceptando la Palabra escrita de Dios y permitiendo que ella se convierta en parte de su ser más íntimo. ¡La Palabra funciona!

8. La Palabra nos juzga. Justo antes de su crucifixión, Jesús explicó a sus discípulos que, al final, sus Palabras serían el juez de cada persona, para determinar quién merecía la recompensa eterna:

> *Al que oye mis palabras, y no las guarda, yo no le juzgo; porque no he venido a juzgar al mundo, sino a salvar al mundo. El que me rechaza, y no recibe mis palabras, tiene quien le juzgue; la palabra que he hablado, ella le juzgará en el día postrero.* (Juan 12:47–48, RVR-1960)

Aunque esto es una amenaza creíble para los que rehúsan prestar atención a la Palabra de verdad de Dios, cualquiera que oye sus palabras y *cree* puede esperar con certeza la misericordiosa clemencia de Dios. "*Porque Dios no envió a su Hijo al mundo para juzgar al mundo, sino para que el mundo sea salvo por El*" (Juan 3:17).

En cualquier caso, el hecho del juicio de Dios debería producir un temor bueno en su corazón. Como dice la Palabra: "*Si invocáis como Padre a aquel que imparcialmente juzga según la obra de cada uno, conducíos en temor durante el tiempo de vuestra peregrinación*" (1 Pedro 1:17). Este temor del juicio de Dios no es un terror paralizante sino una motivación para sacar el mayor rendimiento al tiempo que tiene aquí en la tierra para conocer los caminos de Dios, y obedecerle. La Palabra, que tiene la autoridad final, es su fuente de conocimiento más valiosa y coherente acerca de lo que Dios quiere que usted haga.

Puede tener una confianza plena de que el Señor, que le ama y que se ha dedicado a crear la Palabra escrita para usted, intercederá por usted y le ayudará. Junto a Abraham, usted puede recordarle a Dios su propia justicia:

> *Lejos de ti hacer tal cosa: matar al justo con el impío, de modo que el justo y el impío sean tratados de la misma manera. ¡Lejos de ti! El Juez de toda la tierra, ¿no hará justicia?* (Génesis 18:25)

9. La Palabra es nuestro espejo de revelación espiritual. No pase por alto el vínculo vital entre leer o escuchar la Palabra y actuar en base a lo que la Palabra dice:

> *El que escucha la palabra pero no la pone en práctica es como el que se mira el rostro en un espejo y, después de mirarse, se va y se olvida en seguida de cómo es. Pero quien se fija atentamente en la ley perfecta que da libertad, y persevera en ella, no olvidando lo que ha oído sino haciéndolo, recibirá bendición al practicarla.* (Santiago 1:23–25, NVI)

Yo sé que quiero poder mirar en el espejo de la Palabra de Dios y ver la trascendente belleza del corazón de Dios: su accesibilidad, su absoluta pureza. Quiero que mis creencias erróneas sean expuestas y desafiadas, porque quiero deshacerme de esas fortalezas en mi mente que se exaltan en contra del conocimiento de Dios. (Véase 2 Corintios 10:5, RVR-1960). Aunque soy un tipo común, y sé que los hombres normalmente no revisan su reflejo en el espejo tanto como las mujeres, no quiero dejar de leer nunca la Palabra y dejar de contemplarme en su espejo. Sé que podría alejarme y olvidarme de cómo soy. ¡Estoy seguro de que sabe a lo que me refiero!

Este es nuestro objetivo:

> *De modo que si alguno está en Cristo, nueva criatura es; las cosas viejas pasaron; he aquí todas son hechas nuevas. Y todo esto proviene de Dios, quien nos reconcilió consigo mismo por Cristo….Al que no conoció pecado, por nosotros lo hizo pecado, para que nosotros fuésemos hechos justicia de Dios en él.* (2 Corintios 5:17–18, 21, RVR-1960)

A largo plazo, usted y yo estamos aquí para reflejar la imagen de Dios, y la mejor forma para permitir que Él nos haga de nuevo es sumergirnos en su Palabra diariamente.

También puede "orar la Palabra" aplicando la Escritura a sus oraciones personales. Pídale al Espíritu Santo que le muestre cómo. Puede comenzar con algunas de las oraciones de Pablo inspiradas por el Espíritu al comienzo de sus cartas a varias iglesias. Por ejemplo, puede orar según este pasaje del primer capítulo de Efesios:

> *Pido que el Dios de nuestro Señor Jesucristo, el Padre glorioso, les dé el Espíritu de sabiduría y de revelación, para que lo conozcan mejor. Pido también que les sean iluminados los ojos del corazón para que sepan a qué esperanza él los ha llamado, cuál es la riqueza de su gloriosa herencia entre los santos, y cuán incomparable es la grandeza de su poder a favor de los que creemos.* (Efesios 1:17–19, NVI)

Hice esta oración específica sobre mi propia vida durante diez años, a veces varias veces al día, porque quería que Dios me diera su Espíritu de sabiduría y revelación del conocimiento del glorioso Hombre Cristo Jesús. Quiero conocer la esperanza de su llamado (no de mi llamado, sino de su llamado, porque su llamado se convierte en el mío).

No se aleje nunca del espejo de la Palabra de Dios, que vierte su propia luz sobre su vida. Le imploro por las misericordias de Jesús, que no se aleje de la Palabra, que es la máxima expresión y más completa de la vida de Dios que jamás encontrará en esta tierra. Deje que Dios siga desplegando delante de usted el conocimiento de sí mismo que descubrirá en las páginas de este libro que llamamos Biblia.

La mejor forma para permitir que Dios nos haga de nuevo es sumergirnos en su Palabra diariamente.

¡Es para crecer!

Al término de mi último año de secundaria, recibí el reconocimiento entre mis compañeros al recibir los premios de matemáticas y ciencias. (Ahora, ¡eso fue hace mucho tiempo!). Siempre me han gustado los principios de causa y efecto. Al doblar la esquina de nuestra búsqueda relacional de más de Dios, repasemos rápidamente algunos de los beneficios de la Palabra de Dios: (1) Produce *fe*. (2) Produce *el nuevo nacimiento*. (3) Libera *alimento espiritual*. (4) Promueve *salud y sanidad*. (5) Cultiva *iluminación y entendimiento*. (6) Nos da *victoria sobre el pecado y Satanás*. (7) Nos lleva a una *limpieza progresiva*, o *santificación*. (8) Pronuncia *juicio*. (9) Es un espejo de *revelación espiritual*.

Me gusta citar a Leonard Ravenhill, el difunto predicador itinerante británico, que dijo una vez: "Solo con la Palabra, usted se secará. Solo con el Espíritu, estallará. Pero con el Espíritu y la Palabra, crecerá". ¡Sí, es cierto! Esa es la naturaleza única de la santa Palabra de Dios.

12

Llegar a conocer a Dios

Al "contemplar al Señor", usted acude al Señor de una
manera totalmente distinta....Al acudir ante su Señor
para sentarse en su presencia, contemplándole, haga uso
de la Escritura para acallar su mente. La forma de hacerlo
es realmente simple. Primero, lea un pasaje de la Escritura. Cuando siente la presencia del Señor, el contenido
de lo que ha leído deja de ser importante. La Escritura ha
cumplido con su propósito; ha acallado su mente; le ha
llevado hasta Él.[31]
—Madame Jeanne Guyon

Conocer el corazón amoroso de Dios, incluso conseguir ver tan
solo un destello de su grandeza, es un esfuerzo de por vida
que presupone una conectividad real y personal con Él. Esto no
se producirá automáticamente. No puede usted decir: "Conozco a
Dios", solo porque vaya a la iglesia los días especiales y lea la Biblia
de vez en cuando.

---

31. Jeanne Guyon, *Experiencing the Depths of Jesus Christ* (Jacksonville, FL:
SeedSowers Publishing, 1975), 9–10.

Para *encontrarse* verdaderamente con Él, debe pasar todo el tiempo posible a solas con Él. Esto se llama comunión con Dios. La mejor forma de llegar a conocer a alguien, y esto incluye a Dios, es verse en persona, a solas, preferiblemente en un lugar lo suficientemente tranquilo como para que se pueda producir un diálogo. Durante los siglos, las personas que han querido conocer a Dios con sinceridad se han encontrado con Él de esta forma, y podemos aprender mucho de ellos.

François Fénelon, un reconocido consejero espiritual del siglo XVII, escribió un libro titulado *The Seeking Heart* en el que describía cómo el tiempo a solas con Dios aumenta nuestra capacidad de conocerle y nos permite recibir más de Él. En él, escribió:

Su naturaleza propia es hiperactiva, impulsiva y siempre quiere algo fuera de su alcance.

Pero Dios, trabajando en su espíritu, produce un corazón en calma y fiel que el mundo no puede tocar. Realmente quiero que usted dedique una cantidad de tiempo adecuada a estar con Dios para que pueda refrescar su espíritu. Toda su ocupación seguramente le seca. Jesús tomó aparte a sus discípulos para estar a solas, e interrumpió los asuntos más urgentes de ellos. A veces incluso dejaba a la gente que había acudido desde lejos para verle a fin de ir con su Padre. Le sugiero que haga lo mismo. No es suficiente dar, sino que también debe aprender a recibir de Dios.[32]

Pasar tiempo a solas con Dios a menudo conlleva el arte perdido de la meditación cristiana, o contemplar en oración un versículo o pasaje de la Escritura, no solo ordeñándolo para aprender de la naturaleza de Dios y cómo quiere Él interactuar con usted sino también, y lo mejor de todo, permitiéndose llegar a encontrar la presencia de Dios.

---

32. François Fénelon, *The Seeking Heart* (Sargent, GA: Christian Books Publishing House, 1962), 113.

Contemplar al Señor

Como un arqueólogo espiritual, yo he tomado la brocha del Espíritu en mi colección de libros y otros recursos para ver lo que encontraba que pudiera ayudar a nuestro entendimiento de pasar tiempo a solas con Dios. La personalidad individual y el conjunto de ideas de cada autor son únicos. Pero todos están de acuerdo en una cosa: Es *bueno* pasar tiempo a solas con Dios, con su Palabra a mano.

Tricia McCary Rhodes, autora de *The Soul at Rest*, escribió:

En la oración meditativa la Biblia no es un libro de reglas, una lección de historia, o un tratado para diseccionar y analizar. Acudimos a su Autor con nuestro corazón abierto y nuestro deseo de Él....

Al buscar el rostro de Dios, queremos entender a la persona que escribió estas poderosas palabras. Nuestro corazón es la tierra en la que la Palabra es plantada. Cada parte de nuestro ser se une para nutrir las semillas de verdad hasta que broten y den vida a nuestra alma.[33]

Hay muchas expresiones válidas de meditación bíblica (lo que nuestros abuelos solían llamar "esperar en el Señor" y lo que algunas personas hoy llaman "empaparse"). El Espíritu Santo tiene muchas herramientas en su caja de herramientas, porque la población humana representa una gran diversidad de necesidades, trasfondos, culturas, dones y llamados. Lo que le acerca más a Dios a usted puede que no funcione en mi caso, y viceversa, pero Dios conoce cada cabello de nuestras cabezas, y nos ayudará a personalizar nuestros tiempos con Él.

---

33. Tricia McCary Rhodes, *The Soul at Rest* (Minneapolis, MN: Bethany House, 1996), 53–54.

Lo importante es *pasar tiempo con Él*. Hablando de "empaparse", siempre me ha gustado la forma en que Donald Whitney lo expresa:

> Una simple analogía sería una taza de té. Usted es la taza de agua caliente, y la ingesta de la Escritura queda representada con la bolsa de té. Oír la Palabra de Dios es como sumergir una vez la bolsa de té en la taza. El agua absorbe parte del sabor del té, pero no tanto como lo haría empapando más la bolsa. En esta analogía, leer, estudiar y memorizar la Palabra de Dios están representados por inmersiones adicionales de la bolsa de té en la taza. Cuantas más veces entre el té en el agua, más efecto tiene. La meditación, sin embargo, es como sumergir la bolsa del todo y dejarla ahí dentro hasta que todo el rico sabor del té ha salido y el agua caliente está totalmente saturada del color marrón rojizo.[34]

Tenemos que poner todo lo demás a un lado en favor de pasar un tiempo de calidad con Dios.

Me siento atraído a la historia de Marta y María en el evangelio de Lucas. María rehusó distraerse, incluso ante la necesidad de preparar la comida para su invitado, Jesús, prefiriendo sentarse a sus pies y, como una esponja, empaparse de cada palabra que Él pronunciaba. Cuando Marta se quejó por no tener la ayuda de María, Jesús simplemente le dijo: *"Marta, Marta, afanada y turbada estás con muchas cosas. Pero sólo una cosa es necesaria; y María ha escogido la buena parte, la cual no le será quitada"* (Lucas 10:41–42, RVR-1960). Aunque las dos hermanas amaban a Jesús y estaban entre sus dedicados discípulos, ¿cuál de las dos cree que llegó a conocer mejor a Jesús?

---

34. Donald S. Whitney, *Spiritual Disciplines for the Christian Life* (Colorado Springs, CO: NavPress, 1991), 48.

Es bueno pasar tiempo a solas con Dios, con su Palabra a mano.

Por supuesto, hay veces en que necesitamos estar "en la cocina con Marta", así como "a los pies de Jesús con María".[35] En otras palabras, necesitamos poner a funcionar nuestra fe de formas prácticas al ministrar a otros en el nombre de Jesús. Pero cuando vemos que nos estamos alejando de una relación cercana con Jesús debido a nuestro trabajo (incluso el trabajo ministerial), de tal forma que estamos "afanados y turbados" y comenzamos a dejar de pasar tiempo con Él, necesitamos renovar de inmediato esa *"una cosa"* que es necesaria, esa *"buena parte"* que María escogió.

Ponernos directamente a los pies de Jesús nos da la oportunidad de llegar a conocer al Señor vivo mediante la lectura de la Palabra escrita (y oyéndola cuando se lee en voz alta). En palabras del Dr. Siang-Yang Tan: "Cuando el Espíritu obra, tomamos tiempo para encontrarnos con Jesús en cada pasaje, para comer con Él, para dirigirnos a Él y que Él se dirija a nosotros, para tocar el borde de su manto".[36]

Otra María, la propia madre de Jesús, había ido más lejos aún. No solo había puesto toda su atención en el mensaje de Dios; tampoco había dudado a la hora de obedecer sus palabras, atesorándolas y meditándolas en su corazón. (Véase Lucas 1:26–38; 2:4–19). El teólogo y pastor Dietrich Bonhoeffer habló de la callada dedicación de María a conocer a Dios: "Al igual que usted no analiza los bienes de alguien a quien ama, sino que los acepta como se lo dicen, acepte la Palabra de la Escritura y medítela en su corazón, como hizo María".[37]

---

35. Véase el libro de Dr. Siang-Yang Tan y Dr. Douglas H. Gregg, *Disciplines of the Holy Spirit: How to Connect to the Spirit's Power and Presence* (Grand Rapids, MI: Zondervan, 1997), 87.
36. Tan y Gregg, *Disciplines*, 87.
37. Dietrich Bonhoeffer, *The Way to Freedom: Letters, Lectures and Notes, 1935–1939*, de *The Collected Works of Dietrich Bonhoeffer*, vol. 2 (Glasgow: Collins, 1966), 59.

Cuando pasamos tiempo de calidad a solas con Dios, le tocamos, le escuchamos, aprendemos acerca de Él y siempre queremos regresar a buscar más. Aprendemos a darle toda nuestra atención a Dios. ¡No hay mejor forma de conocerle! Esto, según el pastor y teólogo Sam Storms, "es una participación consciente y continua de la mente con Dios. Esta renovación de la mente (Romanos 12:1–2) es parte del proceso mediante el cual la palabra de Dios penetra en el alma y el espíritu con la luz de iluminación y el poder de transformación".[38]

Pasar tiempo a solas con Dios es una experiencia transformadora. Gradualmente, usted se vuelve como Aquel con quien está conversando. Puede darse en una "inmersión absoluta" con Dios, al margen de su temperamento natural o las distracciones de su vida diaria. Sígame ahora mientras le llevo a través de unas pautas prácticas para este tipo de encuentro en oración personal con Dios.

Siete pasos para meditar en la Palabra de Dios

Para que sea más fácil recordar estos pasos, cada uno comienza con la letra *P*: (1) Prepararse, (2) Pararse a leer despacio, (3) Poder imaginar, (4) Ponderar, (5) Pedir en oración, (6) Proclamar alabanzas, y (7) Practicar.[39]

1. Prepararse. Siéntese (o quédese de pie, o tumbado) calladamente para enfocar su atención en el Dios vivo. Para comenzar su encuentro con Él, quizá quiera leer un salmo, como el siguiente:

SEÑOR, *tú me examinas, tú me conoces. Sabes cuándo me siento y cuándo me levanto; aun a la distancia me lees el*

38. Sam Storms, "How to Be 10% Happier: Meditate", entrada de blog en "Enjoying God" página web, subido el 4 de abril, 2014, http://samstorms.com/enjoying-god-blog/post/-how-to-be-10--happier:-meditate-. Basado en *Devotional Life Class Notes: Seven Guides to Meditating*, Grace Training Center, Kansas City, Missouri.
39. Estos pasos se han adaptado de conceptos desarrollados por mi amigo Steve Meeks, escritor de Houston.

pensamiento. Mis trajines y descansos los conoces; todos mis caminos te son familiares. No me llega aún la palabra a la lengua cuando tú, Señor, ya la sabes toda. Tu protección me envuelve por completo; me cubres con la palma de tu mano. Conocimiento tan maravilloso rebasa mi comprensión; tan sublime es que no puedo entenderlo. ¿A dónde podría alejarme de tu Espíritu? ¿A dónde podría huir de tu presencia? Si subiera al cielo, allí estás tú; si tendiera mi lecho en el fondo del abismo, también estás allí. Si me elevara sobre las alas del alba, o me estableciera en los extremos del mar, aun allí tu mano me guiaría, ¡me sostendría tu mano derecha!

(Salmos 139:1–10, nvi)

En cuanto a su elección del momento del día (o de la noche), el lugar, su postura, o si quiere o no incluir música de adoración, no hay pautas concretas. Simplemente haga lo que le lleve a recibir mejor de Dios. Si se siente físicamente incómodo, cambie de postura. Si su ubicación le expone a repetidas interrupciones y distracciones, encuentre otro lugar mejor. Si el momento concreto del día o de la noche se vuelve un inconveniente, escoja un momento distinto.

2. Pararse a leer despacio. Tome su Biblia y escoja un texto específico de la Escritura. Debería ser relativamente corto. Léalo con atención más de una vez. Después, escríbalo una o dos veces. Léalo en voz alta siempre muy despacio. Absorba la belleza de las palabras.

Tenga en mente que hay una diferencia entre lectura *informativa* y lectura *formativa*. La lectura informativa se enfoca en recabar información, aumentar la "base de datos" de conocimiento, y memorización. El propósito de la lectura formativa es permitirse ser formado y moldeado por la Palabra mediante el ministerio del Espíritu Santo. Esta es otra manera de decirlo: con la lectura informativa, yo quedo en control del texto; pero con la lectura formativa, el texto me controla a mí.

Peter Toon escribió sobre la lectura formativa:

Yo no tengo la Biblia en mis manos para analizar, diseccionar o recabar información de ella. En su lugar, la tengo para dejar que mi Amo penetre en lo más hondo de mi ser con su Palabra y así facilitar la transformación moral y espiritual. Estoy ahí dependiendo totalmente de nuestro Dios, que es el Padre a quien oro, el Hijo mediante el que oro y el Espíritu Santo en quien oro.[40]

3. Poder imaginar. Aplique su imaginación santificada y sus rendidos sentidos naturales a la verdad contenida en el versículo de la Escritura. Involúcrese personalmente en una relación con el Espíritu Santo para encontrar o experimentar lo que dice el texto. Oiga, sienta, guste, huela y vea las verdades que Dios revela.

Mediante la sangre de Jesús, santifique sus pensamientos y deseos. Después, en adoración al único Dios verdadero, Jesucristo el Señor, permita que el Espíritu Santo llene sus sentidos, todo su ser.

A través de esto, puede experimentar, con poder e intimidad cada vez mayor, la realidad de quién es Dios en verdad.

4. Ponderar. Reflexione en la Palabra. Rumie la verdad del pasaje que haya escogido de la Escritura. Absórbalo, empápese de él, dele la vuelta en su corazón y en su alma una y otra vez. Mediante todas las formas posibles, internalice y personalice el pasaje. ¡Deje que la Palabra le hable!

Recuerde el modelo de María, que meditaba la palabra de Dios en su corazón. Elmer Towns escribió:

¿Puede comenzar a imaginar en qué meditaba María? Tan solo piense: el Hijo de Dios creciendo dentro de usted.

---

40. Peter Toon, *Meditating as a Christian: Waiting Upon God* (New York: HarperCollins, 1991).

Siente su latido; siente sus pies moviéndose; ¡le da a luz! Verdaderamente, una de las personas más cercanas a Jesús fue su madre, María. "Pero María atesoraba todas estas cosas, reflexionando sobre ellas en su corazón" (Lucas 2:19). Ella le conocía mejor que nadie, no obstante como nosotros, quería conocerle aún mejor. María se convierte en nuestro ejemplo de lo que significa realmente conocer a Cristo, llegar a tener intimidad con el amante de nuestra alma.[41]

5. Pedir en oración. Esta es una de mis partes favoritas del proceso. Yo tomo las verdades que me ha iluminado el Espíritu Santo, y se las devuelvo a Dios en oración. Lo puedo hacer en forma de petición, agradecimiento, intercesión, guerra espiritual, declaración o incluso reflexión poética. Especialmente me gusta cantarle a Dios esas oraciones basadas en la Escritura. ¡Me parece que añade un poco más de aceite a la dinámica!

6. Proclamar alabanzas. Adorar al Señor por lo que Él es y por lo que ha hecho, y cómo ha sido revelado en la Escritura. En voz alta, ofrezca su agradecimiento y sacrificio de alabanza. Meditar en la Palabra de Dios debería llevarnos siempre a la adoración y a una celebración de la Persona de Dios.

7. Practicar. Comprométase a practicar, o *hacer*, lo que ordena la Palabra. Los objetivos de la oración meditativa cristiana y la contemplación bíblica son la transformación moral y la fiel obediencia. Esto es cristianismo de encarnación. (Véase, por ejemplo, Josué 1:8; Salmos 119:11).

Meditar en la Palabra de Dios debería llevarnos siempre a la adoración y a una celebración de la Persona de Dios.

---

41. Elmer Towns, *Christian Meditation for Spiritual Breakthrough* (Ventura, CA: Regal Books, 1999), 29–31.

Más beneficios y bendiciones

Definitivamente usted cosechará muchos beneficios y bendiciones al involucrarse en la meditación bíblica y la oración de forma regular. Colectivamente, esto le permitirá conocer a Dios mejor que nunca, y su crecimiento espiritual dará testimonio del poder transformador de Dios.

¿Qué tipo de transformación debería buscar en su vida? Para que no nos quedemos sin decirlo, a medida que usted obtiene más perspicacia e instrucción en la verdad de Dios (veamos, por ejemplo, el Salmo 119:99; 2 Timoteo 2:7), puede esperar que su amor por Dios y por su Palabra sean mayores (véase, por ejemplo, Salmos 119:97). Observará que su vida está mucho más enfocada en Cristo Jesús. (Véase, por ejemplo, Hebreos 12:3; 1 Juan 3:1). Esto a su vez se convertirá en una mayor estabilidad y madurez en su vida cristiana. (Véase, por ejemplo, Salmos 1:2–3; 37:31; Juan 15:4–5). Incluso la gente que le rodea verá que su comportamiento expresa la paz del Señor (véase, por ejemplo, Isaías 26:3; Filipenses 4:8–9), y se deleitará al tener una mente renovada (véase Romanos 12:2; Efesios 4:23).

Quizá siempre se haya preguntado cómo lograr todos los imperativos de la Escritura aparentemente imposibles, como Mateo 5:44: *"Amad a vuestros enemigos y orad por los que os persiguen…"*. Ahora lo sabe. Al sumergirse en las palabras que solían dejarle perplejo y hacerle pensar que debieron de escribirse para otros, obtendrá de ellas la gracia de Dios.

Gracias a Dios, ahora conocerá la verdadera sabiduría. (Véase, por ejemplo, Salmos 49:3). Lo mejor de todo es que habrá logrado el deseo de su corazón: *"Pon tu delicia en el Señor, y El te dará las peticiones de tu corazón"* (Salmos 37:4).

Cultive la comunión con Dios

Sí, encontrarse con la Palabra viva le invita a un proceso dinámico que tiene el poder de cambiar el resto de su vida. Cultive su comunión personal con Dios, porque le ayudará a desarrollar una relación más profunda con Él, animará su crecimiento en el fruto del Espíritu (sus buenos rasgos de carácter) y abrirá la provisión de Dios para usted, para que pueda servirle con más eficacia.

Márquese como objetivo contemplar al Señor, independientemente de cuál sea el modelo devocional que siga a lo largo de su vida. Dicho de forma simple, Dios mismo es tanto el objetivo como la fuente de nuestros tiempos de reflexión. Él es tanto el cumplimiento como el iniciador del clamor de nuestro corazón, que es conocer la Palabra viva de Dios.

Quizá tarde algún tiempo en aprender a confiar en que el mejor lugar en el que estar es en los brazos de su Padre. Quizá le cueste poder esperar en la presencia de Dios, sin darse cuenta de que Él quiere bendecirle, incluso cuando se necesitan cambios radicales. Él hace posible la transformación abrazándole con sus brazos de amor. Incluso podría decir que Dios se deleita en "la terapia del abrazo".

Tenga comunión con Dios diariamente. Encuéntrese con el Señor vivo. Él le está esperando.

Encontrarse con la Palabra viva le invita a un proceso dinámico que tiene el poder de cambiar el resto de su vida.

"Llegar a conocerte"

Al concluir mi trabajo en este libro, regresé a mi "punto dulce", que no es investigar, sino cantar. Como muchas personas saben, comencé mi viaje de llegar a conocer a Dios siendo niño, creciendo en una pequeña iglesia rural. Me *encantan* los himnos antiguos, y me aprendí muchos de ellos de memoria. Pensaba que encontraría uno que tuviera las palabras precisas para poner un buen final a este libro. Así que oré, medité y esperé a que la melodía apropiada surgiera en mi corazón.

Pero recibí una sorpresa. En vez de dirigir mi atención a un himno, el Espíritu Santo trajo una melodía de Rodgers y Hammerstein a mi mente. ¡Me agradó mucho! De repente estuve cantando esta canción constantemente durante dos días seguidos. Después durante una semana. Ahora se ha grabado en mi interior, y la única forma que conozco de sacarla es…pasándosela a usted.

Qué apropiada es, como conclusión para un libro que trata sobre conocer el corazón de Dios, meditar en esta canción: "Getting to Know You" [Llegar a conocerte]. Sí, estoy hablando de la famosa melodía del programa. Me encantaría poder citar toda la inspiradora letra aquí, pero no puedo hacerlo debido a las regulaciones del copyright. No obstante, espero que capte la imagen poética que estoy intentando dibujar aquí.

La canción (escrita para el brillante musical *The King and I* [El rey y yo], que podría haber servido como un subtítulo adecuado para este libro) habla de la cómoda relación de dos sentidos que se desarrolla cuando uno pasa mucho tiempo intentando conocer a alguien. Hemos estado conociéndote a "ti": el Dios vivo. Sí, Señor, hemos estado aprendiendo acerca de ti, acercándonos más, descubriendo lo que significa permitirte ser nuestro mejor amigo.

A partir de ahora y para siempre, podemos cantar de nuestra búsqueda apasionada de Dios: conocerle y familiarizarnos con todos sus maravillosos atributos. Como dice la canción: "Por todas las cosas nuevas y hermosas que estoy aprendiendo de ti".

Esto no es tan solo una información que necesitamos, sino una relación de corazón que buscamos. Es continuar en un caminar abandonado con Él, ya sea que nuestra etapa en la vida parezca estar llena de días buenos o difíciles.

Conocerle es amarle. Esa es mi conclusión después de muchos años en este viaje.

Quiero caminar con mi Creador sin vergüenza ni temor, y acercarme a Él cuando Él se acerca a mí. Oh, abrazar a Dios y su Palabra, ¡incluso mientras Él me abraza! Escojo continuar en una búsqueda apasionada.

¿Y usted?

⌒

Que esta sea nuestra oración

Gracia y paz os sean multiplicadas en el conocimiento de Dios y de Jesús nuestro Señor. Pues su divino poder nos ha concedido todo cuanto concierne a la vida y a la piedad, mediante el verdadero conocimiento de aquel que nos llamó por su gloria y excelencia, por medio de las cuales nos ha concedido sus preciosas y maravillosas promesas, a fin de que por ellas lleguéis a ser partícipes de la naturaleza divina. (2 Pedro 1:2–4)

Padre nuestro, en el majestuoso nombre de Jesús, declaro que quiero conocerte tan íntimamente como me conoces tú. Acércame más, y más, y más, precioso Señor, a tu lado siempre amoroso. Identifica los lugares duros de mi corazón y envía tu Palabra, la cual deshace cualquier roca. Dame un hambre mayor por la Palabra escrita y viva de Dios. Mediante el ministerio del Espíritu Santo, por tu gran gracia, y por el poder de la sangre derramada del Cordero, apártame y hazme totalmente tuyo. ¡Declaro que el fin supremo de mi vida es glorificarte y disfrutar de ti para siempre! ¡Amén y amén!

Únase a mí en la búsqueda apasionada del Dios accesible.
James W. Goll

Acerca del autor

James W. Goll es un amante de Jesús, cofundador de Encounters Network, una organización dedicada a cambiar vidas e impactar naciones liberando la presencia de Dios mediante el ministerio profético, intercesor y compasivo. James es el director de Prayer Storm, una casa de oración basada en los medios las 24 horas al día, 365 días al año. También es el fundador de la escuela en línea God Encounters Training e-School of the Heart: "donde fe y vida se encuentran".

Después de servir como pastor en el Medio Oeste, James fue lanzado al papel de maestro y entrenador itinerante internacional. Ha viajado extensamente a más de cincuenta naciones, llevando una pasión por Jesús dondequiera que va. James es miembro del equipo apostólico de Harvest International Ministry y consultor para ministerios en todo el mundo. James desea ver al cuerpo de Cristo convertirse en casa de oración para todas las naciones y ser capacitado por el Espíritu Santo para extender las buenas nuevas a toda nación y a todos los pueblos. Es autor de numerosos libros y manuales de entrenamiento, al igual que escritor colaborador para varias publicaciones periódicas.

James y Michal Ann Goll estuvieron casados durante más de treinta y dos años antes de la graduación de ella en el cielo en otoño de 2008. Tienen cuatro maravillosos hijos adultos, todos ellos casados; y James es ahora abuelo ("Gramps") de tres adorables nietos. Tiene su hogar en Franklin, Tennessee, y continúa en su búsqueda apasionada de Aquel a quien ama su alma.

Para más información:

James W. Goll

Encounters Network

P.O. Box 1653

Franklin, TN 37065

www.encountersnetwork.com ✦ www.prayerstorm.com
www.compassionacts.com ✦ www.GETeSchool.com
info@encountersnetwork.com *o* inviteJames@gmail.com